Frohe Botschaften
Dirk Maxeiner & Michael Miersch
über den alltäglichen Wahnsinn

Frohe Botschaften

Dirk Maxeiner &
Michael Miersch
über den
alltäglichen
Wahnsinn

wjs

1. Auflage
© 2008 wjs verlag, Wolf Jobst Siedler jr. · Berlin

Alle Rechte vorbehalten,
auch das der fotomechanischen Wiedergabe

Redaktion: Julia Richter
Schutzumschlag: Dorén + Köster, Berlin
Satz: Dorén + Köster, Berlin
Druck und Bindung: CPI Moravia Books, Korneuburg
Printed in Czech Republic

ISBN: 9-783-937989-39-6

www.wjs-verlag.de

Inhalt

Wir bezweifeln, dass die Welt demnächst untergeht. Wir bestreiten, dass die Gegenwart durch und durch schlecht ist, und glauben nicht, dass früher alles besser war. Zukunftsoptimismus halten wir nicht für eine Geisteskrankheit, sondern für eine durchaus berechtigte Lebenshaltung. Wie konnten wir auf diese schiefe Bahn geraten? Es gibt beispielsweise geborene oder unverbesserliche Optimisten, die haben mildernde Umstände. Auch die vielen Management-Gurus mit ihren Think-positive-Botschaften können nicht voll für ihr Tun verantwortlich gemacht werden, weil es ja meist Amerikaner sind.

Nein, zu denen gehören wir nicht, wir haben unseren Optimismus hart erarbeitet. Motto: Wer die Welt in einem etwas besseren Licht sehen will, der sollte sich möglichst lange in der Dunkelheit aufgehalten haben. Dies haben wir in ausreichendem Maße getan. Wir halfen tüchtig mit, dass Deutschland zum Land der Windräder, Getrenntmülltonnen und Ökokarotten wurde. Wir kennen die Brokdorfer Marsch, den Wald von Gorleben, die Bonner Rheinwiesen und so manche sagenumwobene Seitenstraße im Frankfurter Westend. Wir erlebten hautnah den Aufstieg der Grünen in Hessen (und konnten dabei interessante Studien über Politik und Charakter anstellen).

Als leitende Redakteure des deutschen Umweltmagazins »Natur« beschworen wir Monat für Monat den dräuenden Weltuntergang, der Tod war unser ständiger Begleiter. Waldsterben und Robbensterben, Insektensterben und Vogelsterben, ja sogar ein Spermiensterben schien unmittelbar bevorzustehen. Zum Glück weigerte sich das richtige Leben hartnäckig, der redaktionellen Linie zu folgen. Zu einem besonders eklatanten Fall von Insubordination kam es während einer Redaktionskonferenz Anfang der neunziger Jahre. Es war Frühling, und durch das geöffnete Fenster drang mitten in der Stadt das romantische Lied einer Mönchsgrasmücke an unsere Ohren. Was ein junger Praktikant mit der vollkommen unpassenden Bemerkung quittierte: »Da pfeift schon wieder eine eurer ausgestorbenen Vogelarten.« Das Lachen entfaltete eine subversive Wirkung, und die Mönchsgrasmücke begann ganz leise an unseren Überzeugungen zu rupfen.

Immer öfter standen die Recherchen dem gewohnten Lamento im Weg. Sie brachten zutage, dass die Luft sauberer wurde und nicht alle Walarten vom Aussterben bedroht waren. Was tun? Konnte man das unseren Lesern zumuten? Wir versuchten es. Unsere frohen Botschaften über neue Erkenntnisse und Erfolge im Umweltschutz führten zu einer Welle von Abbestellungen. Unsere Abonnenten machten uns unmissverständlich klar, was sie wollten. Bitte keine Fakten! Gebt uns düstere, hoffnungslose, unlösbare Desaster! Und verschont uns mit Lösungen!

So lernten wir eine neue Erscheinung kennen, die uns seit damals begleitet: Einst wurde der Überbringer schlechter Nachrichten geköpft oder endete im Kerker. Mittlerweile ist es umgekehrt. Schlechte Neuigkeiten scheinen ausgesprochen willkommen zu sein, frohe Botschaften lösen Verdacht aus. Die Nachricht »der Rhein ist vergiftet« wird mit einer gewissen Genugtuung aufgenommen, die Nachricht »der Rhein wird sauberer« dagegen mit höchster Skepsis. Das Faktum »der Wald lebt und wächst« führt gar zu ausgesprochener Verärgerung.

Als Überbringer solch froher Botschaften wurden wir zwar nicht geköpft, aber die erregten »Natur«-Leser kündigten reihenweise ihre Abonnements, weshalb wir alsbald auf die rote Liste der gefährdeten Redakteure gerieten. Da unser

Ruf ohnehin ruiniert war, entschlossen wir uns, unseren Abschied zu nehmen und es fortan ganz ungeniert zu treiben. Wir schrieben das Buch »Öko-Optimismus«, eine Bestandsaufnahme der zahllosen positiven Entwicklungen im Umwelt- und Naturschutz: Vom regenerierten Rhein bis zum blauen Himmel über der Ruhr, vom Siegeszug der Energieeffizienz bis zur Rückkehr verloren geglaubter Tierarten.

Das Buch entwickelte sich zum Bestseller, was unseren Optimismus naturgemäß beflügelte, mancherorts aber nicht so gern gesehen wurde. Die Verbindung der Worte »Ökologie« und »Optimismus« wurde von den Hohepriestern als reine Blasphemie empfunden. Der Präsident des Naturschutzbundes Deutschland wollte das Wort daher »noch nicht einmal in den Mund nehmen«. Optimismus empfand er wohl irgendwie als bedrückend. Der österreichische Publizist Günther Nenning witterte gar »einen Dolchstoß ins grüne Auge« und rief uns auf einem Podium erregt zu: »Ihr müsst widerrufen!«

Unsere erste Fernsehtalkshow bestritten wir dann in optimistischer Unschuld beim Bayerischen Rundfunk, der eigentlich noch nie durch besonders kritische Berichterstattung aufgefallen ist. Aber Optimismus geht dann selbst in Bayern zu weit. Während des ersten kurzen Einspielfilms wurde uns klar, dass wir zu unserer eigenen Hinrichtung eingeladen waren. Thesen aus Öko-Optimismus waren mit Bildern von Tankerkatastrophen und Erdbebenopfern, von Chemieunfällen und Hungersnöten unterlegt. Und dann wischte ein Schwamm über das Bild, wisch und weg, alles wird gut, hier kommen die Gesundbeter vom Dienst. Zur Einstimmung des Publikums trug dann noch eine junge Frau von der »Deutschen Autofahrerpartei« bei. Sie versicherte, selbst den Weg zum Zigarettenautomaten grundsätzlich mit ihrem BMW zurückzulegen, womit sie uns nicht wirklich einen Gefallen tat. Die Botschaft an das Publikum war somit komplett: Öko-Optimisten fahren mit dem Auto zum Zigarettenautomaten, na bitte.

Wir waren zwar mit der Straßenbahn zum Studio gefahren und besitzen auch keinen BMW. Aber prinzipiell ist Optimisten natürlich alles zuzutrauen. Etliche Jahre später können wir sagen: Anfangs tut es manchmal weh, aber mit der Zeit macht es richtig Spaß. Wer in einer Diskussionsrunde deutscher Kulturpessimisten darauf hinweist, dass die wichtigsten Indikatoren für das Wohlergehen der Menschheit sich immer besser entwickelt haben, der erzielt eine durchschlagende Wirkung. So etwa wie jemand, der in einem katholischen Gottesdienst ein Präservativ aufbläst. Beides hält jung, befördert allerdings nicht das Sozialprestige.

Je schlechter jemand über die Welt und seinen Mitmenschen berichtet, desto besser ist er angesehen. Das schlimmstmögliche Szenario für wahrscheinlich, ja wahr zu halten, gilt als Ausweis des kritischen Bewusstseins. Wer besonders Schlechtes erwartet, ist stets auch auf der sicheren Seite. Bei dieser Gelegenheit wollen wir ein wenig die Fakten streifen. Wer sich die Mühe macht und die Statistiken der UN und anderer internationaler Institutionen wälzt, kommt zu einer überraschenden Erkenntnis: Die Welt wird besser, entgegen dem Eindruck, den wir tagtäglich durch Zeitungen, Fernsehen und andere Medien vermittelt bekommen. Ob Krieg, Hunger, Analphabetentum, politische Unterdrückung oder Umweltverschmutzung: Alle großen Übel dieser Welt schrumpfen erfreulicherweise schon seit längerem. Immer weniger Menschen müssen darunter leiden. Und das gilt nicht nur für die alten reichen Staaten Europas und Nordamerikas, sondern global. Egal welchen Indikator man nimmt, Lebenserwartung, Kindersterblichkeit, Einkommen pro Kopf, Zahl der Kriegsopfer, Zahl der Opfer von

Naturkatastrophen: Die Situation ist besser als vor 25, 50 oder 100 Jahren. Die Welt ist besser geworden, entgegen allen Prognosen von kulturpessimistischen Intellektuellen.

Die Wandelbarkeit und Lernfähigkeit menschlicher Gesellschaften kommen in Szenarien der Untergangspropheten nicht vor. Sie betrachten den Menschen immer nur als Zerstörer und nie als Problemlöser und Erschaffer. Doch Erfindungsreichtum ersetzt Ressourcen und erweitert die Spielräume. Viele Umweltprobleme wurden schneller gelöst, als die Ideologen es gebrauchen können. Ausgerechnet die westliche Ich-Gesellschaft heilte im Zeitraffertempo die ökologischen Verheerungen des sozialistischen Biotops namens DDR. Dabei hätte die nach Ansicht der Ideologen eigentlich ein ökologisches Paradies sein müssen: Keine Flüge nach Mallorca, keine Kiwis aus Neuseeland, eingeschränkter Individualverkehr, kein McDonalds, Konsumverzicht allenthalben. Doch heraus kam eine gigantische Sondermülldeponie.

Die Luft ist reiner geworden in vielfacher Hinsicht, nicht nur, was Schadstoffe, sondern auch, was Politik anbetrifft. So wurden noch vor wenigen Jahrzehnten ganz Osteuropa, fast ganz Südamerika und sogar einige Länder Westeuropas von Diktaturen beherrscht. Sowohl in relativen wie in absoluten Zahlen sinkt die Zahl der unterernährten Menschen. In den vergangenen 200 Jahren hat sich die Lebenserwartung in Europa verdoppelt, und diese Entwicklung wird in den weniger entwickelten Ländern mit einer Zeitverzögerung nachgeholt.

Aus der Lösung alter Probleme werden immer neue entstehen, es wird kein Weltwochenende geben. Die Welt ist nicht so, wie sie idealerweise sein sollte. Aber trotz aller Missstände ist der Fortschritt eine messbare Tatsache. Kurzfristig mögen die Pessimisten immer mal wieder recht bekommen, aber langfristig haben bislang immer noch die Optimisten besser gelegen. Deshalb ist es höchste Zeit, mit dem Fünf-vor-Zwölf-Gedröhne aufzuhören. Die Menschheit schreitet stolpernd voran und wird auch weiterhin Fehler machen, um – manchmal – klüger daraus zu werden. Aber ist es deshalb beständig fünf vor zwölf? Viel wahrscheinlicher ist einfach nur zwölf vor fünf.

Dennoch zieht sich durch alle Großdebatten der vergangenen Jahre ein ängstlicher Zukunftspessimismus. Warum flackert kaum noch ein positives Zukunftsbild auf? Warum ist es allgemein üblich, so niedrige Erwartungen an die Zukunft zu stellen? Der Katastrophen-Konsens eint die Deutschen wie kein zweites Thema. In unserer Rolle als schreckliche Optimisten saßen wir schon prall gefüllten Bürgersälen gegenüber, in denen uns eine überwältigende Mehrheit aus ambitionierten Weißweintrinkern in gepflegter Abendgarderobe vorwarf, den desaströsen Zustand der Welt zu verharmlosen und dem sogenannten »Mainstream« nach dem Munde zu reden. Die offensichtliche Tatsache, dass es weder im Saal noch sonst wo auch nur den Hauch eines optimistischen »Mainstream« gab, spielte dabei nicht die geringste Rolle. Die ganz große pessimistische Mehrheit hält sich erstaunlicherweise stets für eine einsame, aber tadellose Minderheit. Die kategorische Negation des Bestehenden war einmal typisch für linke Intellektuelle. Sie ist zur wohlfeilen Attitüde von Hinz und Kunz geworden.

Nichts ist heute subversiver als Optimismus. Wir haben jede Woche die Gelegenheit zu solcher Subversion – mit Kolumnen (aus denen wir für dieses Buch unsere liebsten ausgewählt haben). Dafür bedanken wir uns bei der Tageszeitung »Die Welt«.

München, im März 2008
Dirk Maxeiner & Michael Miersch

Kapitel 1

Sitte und Sünde

Wie konnten wir das überleben?

»Sieben Brüder« ist ein wunderbarer Dokumentarfilm, den man sich immer mal wieder anschauen kann. Es geht ums Erwachsenwerden in einer Familie mit sieben Söhnen, Jahrgang 1929 bis 1945. Besonders schwer hatte es der Jüngste, ein verträumtes Kind, das den anderen immer im Weg stand und in der Schule nicht mitkam. Sie nannten ihn »Bremi«. Das war nicht sehr zartfühlend und stand für »Brechmittel«. Er hat es ganz gut überlebt und später sogar studiert.

»Sieben Brüder« weckte auch bei uns so manche Erinnerung. Wir haben zwar jeweils nur einen großen Bruder, aber auch diese waren keineswegs von edler Gesinnung, sondern neigten mitunter zu unvermittelter Gewaltbereitschaft. Wir prügelten uns nicht nur mit unseren Geschwistern, sondern auch auf dem Weg zur Schule, ohne dass irgendjemand sich dafür interessierte.

Wir spielten auf Baustellen, in Ruinen, in Wäldern und auf der Straße – unbeaufsichtigt und oft bis in die Dämmerung. Die Umwelt strotzte vor Gefahren und Risiken. Die Redewendung »verletzte Aufsichtspflicht« war etwas für Juristen und kam im Alltag nicht vor. Wenn etwas passierte, war nur einer schuld: wir selbst. Eltern vertrauten darauf, dass Kinder gegenseitig auf sich aufpassen. »Wenn du als Kind in den 50er, 60er und 70er Jahren aufgewachsen bist, ist es zurückblickend kaum zu glauben, dass wir so lange überleben konnten!«, hieß es kürzlich in einem Rundbrief, der im Internet »für alle vor 1978 Geborenen« kursiert: »Wir bauten Wagen aus Seifenkisten und entdeckten während der ersten Fahrt den Hang hinunter, dass wir die Bremsen vergessen hatten. Nach einigen Unfällen kamen wir damit klar.«

Auch wir haben Seifenkisten überlebt und sogar die Autos unserer Eltern, ohne Airbags, Sicherheitsgurte und Kindersitze. Einer der Autoren lebte in einer Wohngemeinschaft mit selbst gefangenen Mäusen, Molchen und Fröschen, ohne dass jemand sich anschickte, dies aus hygienischen Erwägungen sofort zu unterbinden. Wir verschlangen Brote mit dickem Butterbelag und riesige Portionen Bratkartoffeln mit Speck. Niemand zählte Kalorien oder interessierte sich für Zusatzstofflisten. Kein Politiker fühlte sich berufen, uns vor einseitiger Ernährung zu schützen. Das Verspeisen von Fliegen oder Würmern galt unter Jungs als erlesene Mutprobe. War auch nicht schlimmer als der Lebertran, den man uns gegen unseren expliziten Willen einflößte. Kein einfühlsamer Psychologe flankierte unsere Erziehung, Lebertran musste reichen.

Bei Missetaten musste mit Konsequenzen gerechnet werden. So als einer der Autoren die Scheibe des Lebensmittelladens mit einem Stein zertrümmerte. Er tat dies, was als strafverschärfend galt, weil seine Lehrerin an der Kasse stand. Zunächst gab es eine Abreibung vom Ladenbesitzer, dann eine weitere zu Hause. Und natürlich in der Schule eine Ohrfeige von der Lehrerin – als Exempel coram publico. Von da an war klar: Fremder Leute Eigentum beschädigen ist keine gute Idee. Wurde bei Bubenstücken die Polizei hinzugezogen, so hatte diese erzieherische Prokura und immer recht – genau wie unsere Lehrer. Beide waren sehr unsensibel. Es gab noch keine Betreuungs- und Beratungsindustrie.

Und doch glauben gegenwärtig viele Eltern, Kinder seien immer mehr Gefahren ausgesetzt. Das Gegenteil ist der Fall: Heute gibt es Tempo-30-Zonen, überall Fußgängerampeln, bessere Medizin, mehr Impfstoffe und viel mehr frisches

Obst. Bedenkliche Chemikalien wurden verboten, Baustellen abgeriegelt, und sogar die Zahl der Kindermorde ist seit den 70er Jahren deutlich gesunken (obwohl manche Medien den gegenteiligen Eindruck erwecken). Dennoch wurden Kinder noch nie so lückenlos überwacht wie heute. Vielleicht liegt es daran, dass immer mehr Erwachsene sich um immer weniger Kinder kümmern. Wir wollen die alten Zeiten nicht verklären: Vieles hat sich zum Positiven geändert. Gegen Fahrradhelme und strenge Umweltgesetze ist sicher nichts einzuwenden. Dennoch sind wir dankbar, relativ frei aufgewachsen zu sein. Dazu gehört auch die Freiheit, Risiken einzugehen, Fehler zu machen, Gemeinheiten zu ertragen und Niederlagen einzustecken. Eltern, die Erziehung mit fürsorglicher Sicherheitsverwahrung verwechseln, tun ihrem Nachwuchs keinen Gefallen. Traut Kindern etwas mehr zu! Sie werden bestens damit zurechtkommen.

Gleich große Füße für alle!

Eine neue Wortschöpfung macht sich breit: der ökologische Fußabdruck. Der ist umso größer, je mehr Ressourcen ein Land pro Kopf seiner Bewohner verbraucht. Wenn man beispielsweise den Energiekonsum betrachtet, haben die Amerikaner die größten Füße, Europäer und Japaner liegen im Mittelfeld. Die kleinsten Füße haben die Bewohner der Entwicklungsländer.

Doch künftig sollen alle gleich große Füße haben. Hans Joachim Schellnhuber, Klimaberater der Bundeskanzlerin, sagt: »Jeder Erdenbürger und jede Erdenbürgerin hat exakt den gleichen Anspruch auf die Belastung der Atmosphäre.« Er errechnet eine »magische Zahl von 5500 Kilogramm Kohlendioxid auf tolerierbare Klimaschädigung«. Lutz Wicke, ehemaliger Präsident des Bundesumweltamtes, empfiehlt: »Mit diesem Verteilungsschlüssel erhalten die bevölkerungsreichen Entwicklungsländer Überschusszertifikate, die sie verkaufen können.«

Das klingt bestechend einfach und äußerst gerecht. Doch drängen sich rasch Fragen auf: Menschen in kalten Ländern müssen heizen und haben deshalb einen viel höheren Energieverbrauch als die Bewohner warmer Regionen. Darf man Sibirien und die Südsee einfach gleichsetzen? Außerdem: Haben die Menschen in einem armen Land demokratischen Zugang zu Wohlstand und Ressourcen oder profitiert nur eine kleine Oberschicht? Denn jeder hinzukommende Mensch am Existenzminimum verbessert rein rechnerisch die Kohlenstoffbilanz eines Landes. Das ist dann wohl doch nicht im Sinne des Erfinders.

Welche Blüten die Sache mittlerweile treibt, mag ein Aufsatz verdeutlichen, den die Wissenschaftszeitschrift »Climatic Change« veröffentlichte. Jedes Baby, so die Forscher, werde Treibhausgase produzieren und damit zum Klimawandel und in der Folge zur Schädigung der Gesellschaft beitragen. Für Industrieländer taxieren sie die Kosten eines kleinen Klimaschädlings auf 28 200 Dollar, in einem Entwicklungsland auf 4400 Dollar. Sollten also nur noch Kinder unterhalb der Armutsgrenze geboren werden?

Die Waren- und Energieströme einer globalisierten Welt entziehen sich einfachen Aufrechnungen. Die Ressourcen, die da in den reichen Nationen verbraucht und verfeuert werden, sind ja oft Rohstoffe, auf deren Export die Entwicklungsländer dringend angewiesen sind. Selbst Bananen werden nicht zu uns gezaubert, sondern mit Schiffen und Lastwagen transportiert. Verzichten die Europäer zugunsten des Apfels, bleiben Südamerika oder Afrika auf ihren Bananen sitzen. Umgekehrt mag ein europäischer Pharmaforscher mit seiner Arbeit einen großen ökologischen Fuß-abdruck hinterlassen, das Ergebnis – etwa ein neues Medi-kament – kommt aber Menschen in aller Welt zugute.

Auch das Ende des Ferntourismus wäre für viele arme Länder eine Katastrophe. Genau wie die vagabundierenden Kapitalströme gibt es auch immer mehr vagabundierende Energie, die sich nicht so ohne Weiteres einem Land zuord-nen lässt. Das beste Beispiel ist der Flugverkehr. Nach dem Konzept des ökologischen Fußabdruckes schädigt ein indi-scher Geschäftsmann, der nach Deutschland fliegt, die Um-welt erheblich weniger als ein deutscher Geschäftsmann, der nach Indien fliegt. Versteht das irgendjemand?

Es ist wohl nur eine Frage der Zeit, bis auch Privatleuten ihr persönliches Kohlendioxidkontingent zugeteilt wird. Eine Rationierungsmaßnahme wie einst Lebensmittelmar-ken – mit denen ja auch gehandelt wurde. Die britische Re-gierung hat bereits Entwürfe für persönliche »Carbon-Cards« in der Schublade, die jeder Bürger wie eine Geld- oder Kreditkarte etwa beim Tanken oder beim Buchen eines Fluges vorzeigen muss.

Endlich hat der Staat die totale Kontrolle über das Leben des einzelnen Bürgers. Dabei werden alle gleich und ein paar noch gleicher sein. Bekommt ein Kind genauso viele Emissionsrechte wie ein Erwachsener? Ist ein Flug privat oder im Dienste der Allgemeinheit? Darf ein Landarzt mehr Auto fahren als ein Handelsvertreter? Sicher ist dabei nur eins: Politiker und Bürokraten haben freie Fahrt.

Dick und doof

Während unserer Schulzeit gelangte ein Jugendmagazin namens »Underground« an die Kioske, dem der Ruf vorauseilte, antiautoritär und sexuell freizügig zu sein. Am Erscheinungstag klärten sämtliche Lehrer über das problematische Druckwerk auf, was zu einer radikalen Verkaufssteigerung der Postille führte. Schon in der großen Pause balgten sich alle im Zeitungsladen um die letzten Exemplare. Solche pädagogischen Meisterleistungen sollten eigentlich Anlass dazu geben, es mit der Prävention nicht zu übertreiben, weil der Schüler solche Versuche eher unkonventionell verarbeitet.

Das hindert Volkserzieher aller Art aber nicht daran, beinahe täglich die Aufnahme neuer, dringender Anliegen in den Stundenplan zu fordern. Als Dernier cri gilt ein »Bündnis gegen Fett«, dessen segensreichem pädagogischen Wirken wir gespannt entgegensehen. »Wir legen wegen Pisa sowieso gerade neue Bildungsstandards fest«, hieß es aus dem Verbraucherministerium, »jedes Kind sollte lernen, welche Bedeutung die Ernährung hat.« Da wünscht man sich doch glatt, noch mal der Lümmel von der letzten Bank zu sein und schmutzige Witze über Ökokarotten zu verbreiten.

In jeder Modesaison fällt Deutschlands Bildungsexperten ein neues Thema ein, das den Unterhaltungswert der Lehranstalten weiter steigert. In bayerischen Schulen wird beispielsweise »ALF« unterrichtet: »Allgemeine Lebenskompetenzen und Fertigkeiten«. Alf, der gleichnamige außerirdische Katzenfresser, würde sich schieflachen. Wir können jedenfalls aus dem eigenen Familienkreise davon berichten, dass dieser Unterricht bereits bei Elfjährigen zuverlässig das Interesse am Kiffen befördert.

Die Fantasie der Sozialingenieure ist beachtlich: Hier steht die Gender- und dort die Umwelterziehung an, hier fachübergreifende Schwerpunkte wie Multikultikunde, dort Nachhaltigkeits- und Gegen-rechte-Gewalt-Sensibilisierung. Die Lehrergewerkschaft GEW hat sogar eine Studie zum Thema »Lesben und Schwule in der Schule« angefertigt und klagt: »Die Lehrer haben fast kein geeignetes Material.« Zum Glück geht die Hauptstadt voran:»Ganz normal anders – lesbisch, schwul, bi« heißt ein an Berliner Schulen eingesetztes Lehrbuch. Damit die so vermittelte Lebenskompetenz richtig aufblüht, können ja störende Sekundärfertigkeiten wie Rechnen und Schreiben in den Hintergrund treten.

Um die fantastischen Ergebnisse ihrer Bemühungen erleben zu können, möchten wir sämtliche Volkserzieher der Republik dieser Tage nach München einladen. Wir schreiben ihnen gewissermaßen aus einer belagerten Stadt, denn hier versammeln sich jeden Oktober über sechs Millionen Menschen, um mehr oder weniger friedlich zu demonstrieren. In fantasievollen Kostümen und unter Absingen einschlägiger Protestsongs geben sie auf der Theresienwiese dem Volkswillen Ausdruck. Sie demonstrieren für die Freiheit, 6,2 Millionen Maß Bier zu kippen, ohne dafür von Suchtberatern behelligt zu werden. Sie demonstrieren für das Recht am dicken Kopf, der sich am nächsten Morgen zwangsläufig einstellt. Sie nehmen sich die Freiheit, 500 000 triefende Brathendl und 60 000 fette Schweinshaxen zu verzehren, ohne sich von Verbraucherministerinnen dafür tadeln zu lassen.

Die Besucher verprassen drei Millionen Kilowatt Strom, nachhaltig ist lediglich der Durst (dennoch sind wir vollkommen sicher, dass auch für künftige Generationen noch genügend Bier da sein wird). Sie beanspruchen das Recht, sich von habgierigen Wirten abkassieren und von Taschendieben beklauen zu lassen. Sie tanzen auf Tischen und legen dabei Kleidungsstücke ab, egal ob dies nun ästhetisch verantwortbar ist oder nicht. Sie bilden ein wogendes Meer von Kommerz und Promiskuität, das sämtlichen Fundamentalisten und Anstandstanten den ausgestreckten Mittelfinger zeigt. In multikultureller Harmonie mit Italienern, Aus-

traliern, Amerikanern und Japanern formen sie eine ange-
heiterte Wertegemeinschaft, deren Wert darin besteht, auf
Werte pfeifen zu dürfen. Therapeuten, marsch!

Kokser und Pilstrinker

Ja, wir haben es getan. Während unserer mehrfach verlän-
gerten Adoleszenzkrisen erprobten wir illegale Rauschmittel. Jetzt ist es raus. Sollten wir es noch mal zum Fernseh-
moderator, Fußballtrainer oder Sternekoch bringen, gibt's
nichts mehr zu enthüllen. Vielleicht interessiert es eines
Tages aber auch niemanden mehr, wer sich wie mit was be-
rauscht. Vielleicht wird die deutsche Gesellschaft einfach
erwachsen.

Der deutsche Umgang mit sogenannten Drogenskandalen
ist nicht weniger verklemmt und heuchlerisch wie die Erregung um die Sexaffären von Präsidenten oder Predigern in
Amerika, über die wir hierzulande lässig schmunzeln. Einerseits wissen alle, wie verbreitet Rauschmittel in der Gesellschaft sind. Andererseits tun alle so, als wäre Drogenkonsum ein Phänomen asozialer Außenseiter.

Millionen Deutsche haben mal gekifft. Mindestens Hunderttausende greifen gelegentlich gar zu stärkeren Stoffen.
Viele Minister und Abgeordnete haben als Studenten vermutlich mal am Joint gezogen oder zumindest dran ge-
schnuppert. Einige haben es ja auch zugegeben.

Warum traut sich keine Justizministerin und kein Innenmi-
nister, eine vernünftige Legalisierungsdebatte anzustoßen?
Gerade diese beiden Ressorts könnten sich viele Probleme
vom Hals schaffen: In den Gefängnissen würden dringend
benötigte Betten frei, Gerichte und Polizei entlastet. Dreißig
Jahre wird nun in Europa und Amerika der Krieg gegen die

Drogen geführt. Er hat Milliarden Dollar und Euro verschlungen und so gut wie nichts genützt. Give peace a chance!

Okay, es stimmt: Es gibt Suchtkarrieren, an deren Ende die seelische Zerrüttung steht. Ein Blick auf Junkies in den Straßen genügt, um zu begreifen, dass Drogen gefährlich sind. Jugendliche müssen vor diesem Risiko geschützt werden, ebenso wie vor Alkohol und Zigaretten. Aber Erwachsene?

Der Kurzurlaub vom disziplinierten Alltags-Ich ist eine anthropologische Konstante. Schon Naturvölker versetzten sich mithilfe von Pflanzen in ekstatische Zustände. In jahrtausendealten Mumien fand man Rauschmittelrückstände. Als einer von uns vor ein paar Jahren über Süchtige recherchierte, traf er nicht nur auf bedauernswerte Opfer. Einige gingen mit Opiaten so um wie andere mit Wein: maßvoll und unverkrampft. Womöglich bleibt die Summe aller Süchte ziemlich gleich. Es gibt Millionen verantwortungsvolle Mütter und Väter, fleißige Arbeiter, verlässliche Steuerzahler, Beamte (und Minister), die sich gelegentlich mal einen Rausch gönnen. Warum muss der Staat entscheiden, welche Substanzen sie dafür verwenden dürfen?

Alle Argumente gegen illegale Drogen treffen auch oder sogar in verstärktem Maße auf Alkohol und Tabak zu. Die mit großem Abstand meisten Gesundheitsschäden, meisten Todesfälle und meisten Suchtkranken gehen auf das Konto der beiden legalen Volksdrogen. Sie sind erlaubt, nur weil sie in Europa seit langer Zeit kulturell akzeptiert sind. Aber kann in einer zusammenwachsenden Welt der Bezug auf nationale Konsumtraditionen wirklich überzeugen? Wird es nicht zunehmend unglaubwürdig, Rauschmittel willkürlich in europäisch-traditionell (ist gleich erlaubt) und ausländisch-exotisch (ist gleich verboten) einzuteilen?

Warum ist Drogenkonsum überhaupt ein Verbrechen? Wer zu viel nimmt, schadet sich nur selbst. Einer, der auf der Autobahn rast (übrigens oftmals auch, um einen rauschhaften »Kick« zu kriegen), ist für seine Mitmenschen viel gefährlicher. Alle wirklich scheußlichen und sozial gefährlichen Folgen, sind Folgen des Verbots von Drogen, nicht des Konsums. Ohne Verbot: weniger Prostitution, weniger Kriminalität, weniger Aids. Jeder sollte sich das Zeug in offiziellen Läden kaufen können. Kokser wären plötzlich so bieder wie Pilstrinker, Drogenkonsum keine bohemehafte Rebellion mehr, was die Anziehungskraft auf Jugendliche erheblich mindern könnte.

Doch von einer solchen Einsicht ist der Fürsorgestaat weiter entfernt denn je. Er tendiert vielmehr zur Kreation immer neuer Süchte, um die er sich kümmern kann. Beispielsweise die Fress- und Fernsehsüchtigen, die Konsum- und Sexsüchtigen, die Vergnügungs- und Selbstsüchtigen. Wurde irgendjemand vergessen?

Ein Vorschlag zur Güte: Anstatt die Bürger zu schurigeln, sollte der notleidende Staat sich lieber eine goldene Nase verdienen: Kokssteuer, Kiffsteuer, Wasserpfeifensonderabgabe, Zuschlag auf Zigarettenpapier in Übergrößen. Mister Taxman, don't bogart that Joint!

Der neue Mensch

Die Deutschen seien zu dick, heißt es mal wieder. Neue Untersuchungen belegen es zum soundsovielten Male. Eines dieser typischen Gesundheitsminister-Themen, die von Verbänden, Behörden, Politikern, Journalisten und der Nahrungsmittelindustrie eifrig durchgekaut werden. Alle mahnen uns und wollen nur unser Bestes. Der Daueraufforderung, sich bewusst zu ernähren, kann sich selbst das eingefleischte Currybuden-Prekariat kaum noch entziehen.

Schlank und fit sein ist nur eine der zahllosen Normen aus dem Pflichtenkatalog des Zeitgeistes. Auch sportlich muss man sein, ein bisschen modebewusst und Nichtraucher sowieso. Liberal und tolerant sein gehört dazu, aber nicht im Sinne einer freiheitlichen Überzeugung. Sondern als watteweiche Haltung, die sich über nichts aufregt und für alles irgendwie Verständnis hat. Anpassungsfähig und flexibel ist ebenfalls wichtig.

Der Kanon der Konventionen besteht aus vielen Zutaten, deren Dosierung genau bedacht sein will: Körperbewusstsein und Spiritualität, Karrierestreben und soziales Herz, Rebellenpose und Stromlinienform. Man sollte Trivialkultur nicht wichtig nehmen, andererseits aber einen profunden Überblick über alle trashigen TV-Serien besitzen – die man jedoch »nur mal durch Zufall« gesehen haben darf. Reichlich kompliziert. Außerdem gehört es zum guten Ton, ökologisch bewusst zu leben, ohne dabei zum sauertöpfischen Müslimanen zu werden. Wer diese feinen Regeln nicht begreift oder einfach ignoriert, fällt aus dem sozialen Mittelschichtsgefüge.

Im gängigen Geschichtsbild gelten die fünfziger und frühen sechziger Jahre als Zeit einer repressiven Spießermoral, in der es Unangepasste schwer hatten. Wir fragen uns heute manchmal, ob in dieser Zeit vielleicht mehr private Individualität zugelassen war als heute. Bei allem vordergründigen Anpassungsdruck gab es doch jede Menge Sonderlinge, Käuze und Originale. Heute funktioniert die Konfektionierung unmerklicher und reibungsloser.

Besonders unerbittlich sind die Rollenvorgaben im Tanz der Geschlechter. Lächelnd und ganz entspannt sollte eine Frau im Beruf und als Mutter Erfolg haben, dabei aber sexy bleiben. Altern ist erlaubt, aber nur so, wie es die grauhaarigen Modelle aus der Dove-Reklame vormachen. Der zeitgemäße Mann muss aus mindestens zwei Dutzend genaues-

tens austarierten Eigenschaften bestehen, die er im Minu-
tentakt abrufen kann. Zum Kernbestand gehören »einfühlsamer Zuhörer«, »Latin Lover«, »erfolgreicher Versorger«
und »lustiger Papi«. Das Umschalten sollte möglichst ge-
schmeidig vonstatten gehen. Film und Fernsehen halten
uns auf dem Laufenden, wie gelungene Erotik und glückli-
ches Familienleben auszusehen haben. Es ist nicht leicht,
alle Regeln immer parat zu haben.

Ursprünglich war der rundum perfektionierte »neue
Mensch« ein Lieblingsprojekt totalitärer Bewegungen. Er
sollte – je nach ideologisch-religiöser Ausrichtung – mal
rasserein, mal altruistisch, mal gottergeben sein. Jedenfalls
von Grund auf anders als der alte Adam, der sich durchs Leben wurstelt und nach seinem persönlichen Vorteil schielt.
Doch meistens währt der erzieherische Erfolg nur kurz,
dann wird die heroische Selbstüberwindung wieder von
Trägheit und Eigennutz abgelöst.

Das totalitäre Konzept des neuen Menschen ist den meisten Bürgern offener Gesellschaften ein Graus. Individueller
Lebensentwurf und Glückssuche nach eigenem Gusto gehören untrennbar zur Freiheit. Konformismus braucht jedoch
keine Diktatoren. Die liberal-kapitalistischen »neuen Menschen« formen sich gegenseitig und betrachten die Resultate als Ausdruck ihrer Individualität. Es gibt jedoch zum
Glück einen entscheidenden Unterschied. Mit etwas Selbst-
bewusstsein und einem Quäntchen Sturheit kann man in
der offenen Gesellschaft einfach »alter Mensch« bleiben,
ohne zur Umerziehung geschickt zu werden.

Amtliche Gefühle

Die Moderne und die Aufklärung haben in letzter Zeit eine
schlechte Presse. Sie seien schuld, lesen wir in den Feuille-

tons, an allen Übeln dieser Welt seit die Monarchie abdankte und die Kirche ihre weltliche Macht verlor (unklar bleibt, ob es zuvor überhaupt Übel gab). Heute können wir Entwarnung geben: Die Moderne liegt in den letzten Zügen und die Aufklärung wird gerade abgewickelt. Nein, wir meinen nicht den arabisch-islamischen Kulturraum und auch nicht die viel geschmähten christlichen Gemeinschaften im mittleren Westen der USA. Bei uns in Deutschland und in verschiedenen Nuancen auch im Rest Europas und im liberalen Mainstream-Amerika herrscht ein Zeitgeist, gegen den die Romantik eine Epoche kalter Rationalität war.

Die Frage, ob etwas faktisch ist oder nur fantasiert, ob etwas wahr ist oder unwahr, interessiert nur noch ein paar Aufklärungsnostalgiker. Und das nicht nur an geisteswissenschaftlichen Fakultäten, wo die Epigonen des Poststrukturalismus den kritischen Verstand zu Grabe trugen. Einst fragten TV-Reporter: »Was denken Sie über ...?« Heute lautet die meistgestellte Frage: »Wie haben Sie sich dabei gefühlt?« Argumente interessieren nicht, alle Aufmerksamkeit bekommt der mit der besten Betroffenheitsmiene. Sogar Gesetze werden inzwischen damit begründet, dass irgendwer Angst vor irgendwas hat – ob diese Angst berechtigt ist, stellt kein Kriterium mehr dar.

»Auch gefühlte Risiken erfordern staatliches Handeln«, überschrieb das Bundesinstitut für Risikobewertung eine Presseerklärung, mit der es sein fünfjähriges Bestehen würdigte. Diese amtliche Mitteilung konzentriert den Zeitgeist in wenigen Zeilen, besser kann man nicht demonstrieren, wie weit sich die westlichen Gesellschaften von der Aufklärung entfernt haben. »Auch wenn aus wissenschaftlicher Sicht«, heißt es darin, »ein gesundheitliches Risiko bei Lebensmitteln oder Produkten klein ist, kann der Staat zum Handeln gezwungen sein, wenn das Risiko in der Öffentlichkeit als groß empfunden wird.« Als Beispiel führt das Bundesinstitut die Furcht vor Pestiziden auf: »So ist beispielsweise das gefühlte Risiko bei Rückständen von Pestiziden in Lebensmitteln bei deutschen Verbrauchern groß. Selbst wenn gesetzliche Rückstandshöchstmengen eingehalten werden, befürchten viele Menschen gesundheitliche Schäden, wenn sie solche Lebensmittel verzehren. Aus wissenschaftlicher Sicht ist hingegen selbst bei sporadischen Überschreitungen der Höchstmenge kein gesundheitliches Risiko erkennbar. Wird dagegen auf bestimmte Pflanzenschutzmittel wie zum Beispiel Fungizide beim Anbau von Getreide verzichtet, können durch Pilzbefall Schimmelpilzgifte ins Korn gelangen. Von diesen Pilzgiften ist bekannt, dass sie Krebs auslösen. Aus wissenschaftlicher Sicht sind daher Getreideprodukte aus pestizidfreiem Anbau wegen der möglichen Belastung mit diesen Giften keineswegs frei von gesundheitlichen Risiken. Viele Verbraucher empfinden sie aber dennoch als sicher.« Im Klartext: Gespritztes Getreide ist sicherer als ungespritztes – aber die Menschen fühlen andersrum, und das muss man eben hinnehmen und sich dran anpassen. Anstatt sich anzustrengen und besser aufzuklären, stellt sich das Bundesinstitut für Risikobewertung auf den Standpunkt, diffuse Ängste müssten genauso ernst genommen werden wie reale Gefahren. Dass man durch solchen amtlichen Segen die Angstgefühle immer weiter verstärkt, kommt den Autoren nicht in den Sinn. Moderne war mal, willkommen im Wassermannzeitalter.

Die Sportifizierung der Gesellschaft

Brauchen wir Gesetze gegen Drogenmissbrauch beim Radfahren? Werden bald Sportler in Handschellen aus den

Stadien geführt, weil sie ihre Muskeln mit pharmazeutischen Mitteln aufgepumpt haben? Uns erscheint die Debatte um Anti-Doping-Gesetze bizarr. Es geht den Staat nichts an, welche Dummheiten erwachsene Menschen mit ihrem eigenen Körper anstellen.

Die Aufregung um die Tour de France und andere große Sportereignisse ließ uns wohl deswegen so kalt, weil wir Fossilien aus einer anderen Zeit sind. Einer Zeit, in der man bei »Doping auf Rädern« an Leute dachte, die bekifft auf dem Hollandrad Schlangenlinien im Stadtpark fuhren. Damals sind wir mit einem völlig anderen Verhältnis zum Sport aufgewachsen. Reck, Barren und Aschenbahn waren so was von uncool, dass nur die schlimmsten Spießer in der Klasse den Sportunterricht nicht schwänzten. Disziplinierte Leibesübungen galten als faschistoid und sexualfeindlich. Miersch entdeckte kürzlich in seinem Bücherregal ein verstaubtes, gelbes Bändchen des März-Verlages aus dem Jahre 1972: »Sport und Sexualität«. Darin argumentiert der Autor Ulrich Dix, dass Sport »Aggressionen unvorstellbaren Ausmaßes züchtet«, »Jugendliche von ihrer Sexualität abzulenken versucht« und durch Sport »unreflektiert und ahnungslos der Nährboden vorbereitet wird, auf dem die Herrschenden säen und ernten«. Die hessische »Naturfreundejugend« forderte »Vögeln statt Turnen!« und die »Bild«-Zeitung alarmierte ihre Leser: »Schüler wollen Liebe in der Turnhalle!« Temps perdu.

Neulich saßen wir bei Fitness-Salat und Powerdrink mit Wolfram Eilenberger, einem Experten für Philosophie und Fußball, zusammen. Er sprach von der »Sportifizierung« der Gesellschaft und gab damit unserer hilflosen Verwunderung endlich einen Namen. Ja, genau das haben wir in den vergangenen Jahrzehnten durchgemacht: Die Sportifizierung von allem. Wer die Siebziger nicht erlebt hat, kann sich kaum vorstellen, wie stark das öffentliche und private Leben seither versportlicht wurden. Es begann mit der »Trimm-dich-Bewegung«, die 1970 vom Deutschen Sportbund ausgerufen wurde, weil nur noch 17 Prozent der Westdeutschen in Sportvereinen organisiert waren. Jedes Dorf baute einen Waldweg zum »Trimm-dich-Pfad« um. Überall klebte nun das kleine Trimm-dich-Männlein. Die Kampagne hatte Erfolg: Zehn Jahre später waren 28 Prozent der Bevölkerung in Sportvereinen organisiert. Heute sind es fast drei Viertel der Kinder zwischen drei und zehn Jahren. Und warum? Es ist zwar erwiesen, dass Bewegungsmangel ungesund ist. Aber es gibt bis heute keinen wissenschaftlichen Beweis, dass Sport gesund ist.

Mit der anschwellenden Sportpropaganda explodierte auch das Angebot für Spezialausrüstungen aller Art, von der knallbunten Wursthaut der Radfahrer bis zu albernen Stöcken für verbissenes Spazierengehen. Tennisarme und andere neue Krankheiten kamen auf. Trainingsanzüge waren vorher schmerbäuchigen Männern vorbehalten, die ihr Bier am Kiosk trinken. Nun wurden sie zur Alltagskleidung, ebenso wie Turnschuhe. Menschen, die studiert haben, um nicht körperlich arbeiten zu müssen, martern sich in Fitnessstudios. Politiker lassen sich beim Joggen fotografieren. Journalisten nehmen die Welt immer mehr durch die Brille des Sports wahr und stellen bei jeder Gelegenheit Ranglisten und Charts auf. Filme glänzen mit Stunts statt mit Handlung.

Damals haben wir das kleine Trimm-dich-Männlein nicht ernst genommen. Wir ahnten nicht, was es vorhat. Es veränderte die Welt viel gründlicher als alle, von denen wir das erwartet hatten. Jetzt haben wir den Fitness-Salat. Das Gegenteil von »Vögeln in Turnhallen« hat gesiegt: Heute ist viel eher Leistungsturnen in Schlafzimmern angesagt. Wir wollen nicht abseitsstehen und kämpfen dafür, dass Foul-Lenzing und Red-Wining endlich als Sportarten anerkannt werden.

Ein Etikett war ursprünglich ein Zettel mit Hinweisen für das spanische Hofzeremoniell. Die Beliebtheit von feierlichen Handlungen und Ritualen hat aber keineswegs nachgelassen. Die Deutschen müssen sich aktuell sogar an ganz viele neue Etiketten gewöhnen. Das geht schon auf dem Hauptbahnhof los. Neulich warteten wir fröstelnd auf einem zugigen Bahnsteig. »Rauchfreier Bahnhof«, verriet uns ein großes Schild. Auf dem Gleis wartete mit laufendem Dieselmotor ein Regionalexpress. Sein Schadstoffausstoß dürfte dem von zehntausend Kettenrauchern entsprechen. Das schien niemanden zu stören. Das Rauchverbot gilt schließlich nicht für Lokomotiven. Das Etikett »rauchfreier Bahnhof« dient wohl auch der rituellen Reinigung, siehe spanisches Hofzeremoniell.

Draußen vor der Tür geht es gleich weiter. Da beginnt nämlich die Umweltzone. Und da dürfen demnächst nur noch Autos rein, die einen entsprechenden Aufkleber an der Windschutzscheibe haben. Auch so ein neues Etikett, hübsch rot, gelb oder grün. Der Staat hat damit dem Feinstaub den Kampf angesagt. Damit wird regierungsamtlich ein Phantom bekämpft. Es gibt nämlich Jahre, in denen sich der Feinstaub weitgehend verflüchtigt. Schuld daran sind viel Regen und Wind, denn das Feinstaubaufkommen hängt in erster Linie vom Wetter ab. Da man das nicht verbieten kann, werden ersatzweise alte Autos verboten – was die Feinstaubwerte um den sensationellen Anteil von etwa einem Prozent verringern wird.

Vielleicht fahren wir ja alle bald nur noch mit Elektroautos. Aber bitte nur mit Ökostrom! Immer mehr Menschen legen Wert auf dieses Etikett. Man nehme ein idyllisches Flusstal, ziehe eine Staumauer aus Beton hindurch und flute die ganze Sache. Dabei kommt dann Ökostrom, sprich Wasserkraft heraus. Auch jeder Seeadler oder Rotmilan, der von einem Großwindrad geschreddert wird, stirbt für die gute Sache. Gar nicht geschätzt wird hingegen der Atomstrom. Der zerstört zwar weder Natur noch Landschaft. Obendrein produziert er keine Klimaabgase. Nach den Gesetzen der Logik ist Atomstrom also lupenrein »öko«. Nicht aber nach den Gesetzen der Öko-Etikette. Die fordert:»Atomstrom, nein danke!« Das hat die Betreiber von Atomkraftwerken nicht ruhen lassen. So gibt es eine wunderbare Tauschbörse namens»Renewable Energy Certificate System« (RECS). Ein Windradbetreiber deklariert seinen Strom dabei als konventionellen Strom. Ein Atomkraftwerksbetreiber bezahlt ihm dafür einen Aufpreis – und darf die gleiche Menge Atomstrom umgekehrt als Ökostrom etikettieren. Salopp gesagt: Das Atomkraftwerk zahlt seinen Windkraft-Tauschpartner dafür, dass er die Vogelwelt schreddert – und endlich wird aus Atomstrom Ökostrom.

Wir heben unser Glas auf die unendliche Vielfalt der neuen deutschen Etikette! Schön wäre zu diesem Zweck ein Bier mit dem Etikett »gentechnikfrei«. Das Problem: Viele für die Lebensmittel- oder Futterherstellung notwendigen Zusatzstoffe werden seit Jahren fast ausschließlich mit gentechnischen Verfahren hergestellt. Gentechnik ist längst in unser aller Munde – ohne dass jemand Schaden davongetragen hätte. Doch nichts fürchtet die Öko-Etikette mehr als diese Einsicht. Deshalb wurden Zusatzstoffe – Simsalabim – von der Deklarierungspflicht ausgenommen.»Gentechnikfrei« ist künftig auch, wo Gentechnik längst drin ist. Die neue deutsche Öko-Etikette will es so. Willkommen beim Hofzeremoniell!

Die magische Friteuse

Die Prinzipalin unserer Lieblingswürstchenbude gilt zugleich als begabte Wahrsagerin. Und weil wir Stammkunden sind, durften wir neulich durch ihre magische Friteuse in die Zukunft schauen. Prompt landeten wir im Verbraucherschutzministerium. Wir sahen einen Konferenzraum, in dem blasse, magere Menschen heftig diskutierten. Das Gremium hieß »Kommission für unbedenkliche Kost« (KUK). Es war berufen worden, nachdem die Bundesregierung eines schönen Zukunftstages eine Erhöhung der Mehrwertsteuer für fettes oder ungesundes Essen beschlossen hatte.

Die Verwirrung im Lande ist groß. Niemand begreift, wie welches Gericht korrekt zu versteuern ist. Wird ein Menü im Restaurant insgesamt höher veranschlagt, wenn nur der Nachtisch ungesund ist? Dürfen ungesunde Geschäftsessen noch von der Steuer abgesetzt werden? Dürfen ALG-II-Empfänger Leberwurst oder Gummibärchen von ihren Zuwendungen kaufen? Die Kardinalfrage lautet: Was ist eigentlich gesund und was ist ungesund?

Die Besetzung der KUK zeugt von vollendeter Ausgewogenheit: Vertreten sind unter anderem ein Ökobauer biologisch-dynamischer Ausrichtung und einer von der organisch-biologischen Schule, zwei Repräsentanten der Zivilgesellschaft (Greenpeace und Foodwatch), eine katholische und eine evangelische Ökotrophologin sowie eine Delegierte aus dem Nachhaltigkeitsrat.

Wir schauen gebannt in unsere brodelnde Friteuse und erleben eine kleine Formkrise des Gremiums. Die Vorsitzende klagt, dass bislang kein einziges Lebensmittel gefunden sei, über dessen Unbedenklichkeit Konsens herrsche. »Wenn das so weitergeht«, ruft sie in den Saal, »weiß doch niemand mehr, welches Essen noch erlaubt ist.« Die Vertreterin der Tierrechtsbewegung zischt: »Die Welt wäre ohnehin besser, wenn alle aufhörten zu essen.« Als alle aufstöhnen und zur Decke blicken, erklärt die junge Dame, sie habe das ironisch gemeint.

Die Vorsitzende ruft zur Ordnung. Heute stehen »Kartoffeln« auf der Liste. »Geht aus unserer Sicht in Ordnung«, sagt die Tierrechtlerin, »vorausgesetzt, die Kartoffelkäfer werden lebend abgesammelt.« »Aber öko müssen sie sein«, wirft einer der Biobauern ein. Greenpeace kontert: »Kann eine Pflanze öko sein, die ohne jeden Versuchsanbau aus Amerika zu uns eingeschleppt wurde?« Und Foodwatch sorgt sich: »Was machen wir, wenn McDonald's Ökofritten als trojanisches Pferd in seine Speisekarte aufnimmt?« »Keine Aufregung«, erhebt sich der Vertreter der Verbraucherverbände: »Die Kartoffel hat sowieso null Chance.«

Dann zählt er deren natürliches Giftregister auf: »Solanin, Chakonin, Amylase-Hemmer und Isoflavone, um nur einiges zu nennen.« Und er fügt hinzu: »Diese bedenklichen Substanzen können Reizungen des Magen-Darm-Traktes auslösen, das Nervensystem schädigen und wie weibliche Sexualhormone wirken.« Die Vorsitzende fasst genervt zusammen: »Die Kartoffel ist also auch erledigt. Seit Monaten erlebe ich hier das gleiche Spiel: Tomaten? Raus! Wegen Quercetin. Sellerie wegen Psolaren. Sogar Brokkoli wegen Goitrin. Wir können doch nicht ALLES für ungesund erklären.«

Als nächster Punkt steht Mineralwasser auf der Agenda. Und, oh Wunder: Zum ersten Mal einigt sich die KUK auf ein unschädliches Lebensmittel. Unglücklicherweise eilt ausgerechnet in diesem Moment der Vertreter des Umweltministeriums verspätet in den Raum. »Also so einfach ist das nicht«, setzt er mit einer gewissen Schärfe im Ton an. »Mineralwasser emittiert Kohlendioxid. Das ist mit der Klimapolitik meines Hauses nicht zu vereinbaren.« Leider hatte die magische Friteuse plötzlich eine Bildstörung und wir wurden in die Gegenwart zurückgeworfen. Wir bestellten zwei Rindswürste mit Kartoffelsalat und verdauten sie sehr nachdenklich.

Kapitel 2

Heller und Pfennig

All inclusive

Zu keinem Zeitpunkt herrscht in Europa mehr soziale Gerechtigkeit als im August. Lange Schlangen prägen den kollektiven Freizeitpark, egal ob auf der Autobahn, am Sicherheitscheck im Flughafen oder vorm Kartenschalter von Schloss Neuschwanstein. Der Stau macht alle gleich, er entspricht dem sozialistischen Gang der Dinge und vermittelt ein Gefühl von Geborgenheit. Nirgendwo ist der Mensch sicherer vor Turbo-Rolf als bei Stop-and-go auf der A8. Selbst im urkommunistischen Schlaraffenland auf Zeit, dem Aufenthalt in einer Ferienanlage »All inclusive«, mussten wir feststellen, dass eine rundum versorgte Lebensweise mit langen Schlangen verbunden ist. Besonders hart betroffen ist die kulinarische Einrichtung des Selbstbedienungs-Buffets.

In der Landwirtschaft und im Tierlabor nennt man diese Art der Fütterung »ad libitum«, es darf so viel verzehrt werden wie es beliebt. Das spart Arbeitskräfte, kann bei den Tieren jedoch zu erhöhter Nahrungsaufnahme und Verfettung führen. Ein Effekt, der in den Urlaubsparadiesen zu einem ewigen Kampf zwischen den Köchen auf der einen, und Sporttrainern, Fitnessberatern und Animateuren auf der anderen Seite führt.

Das Verhalten der Gäste bei Ad-libitum-Fütterung ist mitunter mindestens so interessant wie die Vielfalt der dargebotenen Speisen. Verhaltensforscher können die archaischen Muster der menschlichen Nahrungsbeschaffung studieren. So lässt sich bei vielen verheirateten Paaren und

Eltern eine genetisch offenbar vorprogrammierte Vorgehensweise beobachten: Während das Männchen auf Beutezug schreitet, sichert das Weibchen den Lagerplatz und bewacht die Brut. Kehrt das Männchen zurück, schwärmt das Weibchen aus und legt zusätzliche Vorräte an. Gleich zu Beginn werden in der Regel süße Nachspeisen gehortet, weil alle Jäger und Sammler Angst haben, diese könnten gegen Ende ausgehen. Und da alle befürchten, zu kurz zu kommen, gehen die Nachspeisen tatsächlich aus – und zwar gleich zu Anfang.

Ein bisschen Verhaltensforschung am All-inclusive-Buffet kann Gesundheitsaposteln und Fit-for-fun-Gurus jegliche Illusionen rauben. Denn auch der aufgeklärte Mensch wird von Salat nicht glücklich. Im Konfliktfall siegt der Appetit zumeist über die guten Vorsätze. Und auch Sozialpolitiker sollten genau hinschauen, wenn irgendwo ein Buffet eröffnet wird. Uns jedenfalls erinnert »all inclusive« an die Staatsdefinition des französischen Erzliberalen Frédéric Bastiat: »Die große Illusion, durch die jeder auf Kosten aller anderen zu leben versucht.«

In der Diversität des Buffetbiotops zählt der »Bedenkenträger« zu den neueren Spezies. Er taucht vorwiegend in Ferienclubs der gehobenen Preisklasse auf und klärt die Warteschlange gern über den Pestizidgehalt asiatischer Zuchtgarnelen und die ethische Verwerflichkeit von Gänseleberpastete auf. Überhaupt lehnt er die Zurschaustellung von Überfluss grundsätzlich ab. Mit Herablassung mustert er Lachsfilets oder Krabben mit Cocktailsauce. Seit Derartiges zum Massenverzehr freigegeben wurde, schmeckt es ihm einfach nicht mehr. Er selbst wurde lediglich durch widrige Umstände ans Buffet genötigt. Es dient ihm als Bestätigung, dass die Konsumgesellschaft dekadent und dem Untergang nahe ist.

Der Unbekümmerte lässt sich davon überhaupt nicht beeindrucken. Er isst gern viel und vor allem alles, hat dabei kein schlechtes Gewissen und macht sich zum Gespött derjenigen, die auch gern viel essen, aber schlank und gesund bleiben wollen. Der Unbekümmerte ist oft ausgeglichen und sympathisch. Das bringt ihm aber keine Pluspunkte, weil die Wenigesser ständig das Gefühl haben, die Zügellosigkeit des anderen gehe auf ihre Kosten. Als Gegenstrategie nehmen die Wenigesser dann oft nur noch die teuersten Speisen zu sich, weil der Urlaub sich sonst nicht rechnet. Die Plünderung des Buffets wird so zur ausgetüftelten Haushaltsmaßnahme. So kann man im Urlaub lernen, wie die Fehlsteuerung des heimischen Sozialstaats funktioniert.

Island-Hoch und Deutschland-Tief

Ist Ihnen schon mal aufgefallen, dass im Wetterbericht der Ausdruck »Island-Tief« so gut wie nicht mehr verwendet wird? Die Isländer haben mächtig Lobbyarbeit geleistet, weil der Terminus ihrer Meinung nach den Tatbestand der üblen Nachrede erfüllt und dem Tourismus schadet. Nun, das berüchtigte Tief braut sich dort oben weiterhin zusammen, wir können zuverlässig davon berichten. Dennoch wird einem bei einer Reise nach Island warm ums Herz. Nicht wegen des Wetters, sondern wegen der Stimmung dort oben. Nennen wir sie mal Island-Hoch. Besucher, die aus dem mentalen Deutschland-Tief kommen, sind aufs Angenehmste überrascht. Das Phänomen offenbart sich zum Beispiel auf einem Flug zu den vorgelagerten Westmänner-Inseln, er dauert nur sechs Minuten. Die winzige und meist sturmumtoste Hauptinsel besteht aus einem vulkanischen Felsen im Nordatlantik. Der Anflug gleicht dem auf einen im Taifun stampfenden Flugzeugträger. Wer es schafft, seinen Magen unter Kontrolle zu halten und aus dem Fenster zu schauen, sieht hinab auf eine bizarre Berglandschaft aus geronnener Lava. Und mitten in den tiefschwarzen Strömen leuchtet weithin ein bunter Garten. Wie kommt der bloß dahin?

Eine blühende Landschaft inmitten verbrannter Erde! Genau das also, was wir uns auch für den von ökonomischen Stürmen heimgesuchten Osten Deutschlands wünschen. Die Geschichte des Gartens begann im Januar 1973 mit einer Katastrophe. Kein Freudenfeuerwerk wie 1989, als in Berlin die Mauer fiel. Stattdessen ein gewaltiger Vulkanausbruch. Unsere Bekannte Kristìn, die damals noch ein Kind war, sah nur noch eine Wand aus Feuer: »Der ganze Berg brannte.« Der Hauptort Heimæy wurde zur Hälfte von Lava und Asche verschüttet. Es gab dennoch keine Toten, weil die zufällig anwesende Fischereiflotte innerhalb weniger Stunden über 5000 Bewohner evakuierte. Vulkan hin, Vulkan her, so was kann den Isländer nicht erschüttern: Die meisten wollten möglichst schnell zurück. Und als sie wieder da waren, stellten sie fest, dass ihre Insel um beinahe ein Drittel größer geworden war. Woraufhin ein veritabler Inselkrach das Eiland erschütterte, denn jeder erhob sogleich Besitzansprüche auf die hinzugekommenen Flächen. Ein weiser Ratsspruch dekretierte dann: Wer es schafft, auf der Lava einen Garten anzulegen, darf den entsprechenden Grund behalten.

Die Gärtnereiwirtschaft nahm in Heimæy einen blühenden Aufschwung. Allerdings gaben viele wieder auf, weil Kälte und beißender Sturm den zarten Pflänzchen allzu sehr zusetzten. Ein pensioniertes Ehepaar aber hat es geschafft: Mitten im Niemandsland blühen heute Sträucher und wachsen Stauden. Die ganze Insel feiert die beiden hochbetagten Helden des Aufbaus, sie wurden gewissermaßen eine nationale Institution. Doch auch andere machten aus der Not eine

Tugend. Unter der Oberfläche glüht noch immer das Gestein, warum nicht Rohre verlegen und Warmwasser für den Ort produzieren? Geht nicht, sagten die Fachleute. Geht doch, sagten die Insulaner und bauten ihre Anlage trotzdem. Und siehe da: Es ging.

Die Menschen sind den Kampf gegen Naturgewalten gewohnt. Und der nächste Vulkanausbruch in der Region ist nur eine Frage der Zeit. Isländer wissen, dass im Leben oft kein Stein auf dem anderen bleibt. Das hindert sie nicht, an die Zukunft zu glauben und mehr Kinder zu zeugen als alle anderen Europäer (nur Albanien kann mithalten). Viele Isländer gehen hinaus in die Welt, und die meisten von ihnen kommen wieder zurück. Ganze 300 000 optimistische Bewohner haben Island zu einer der reichsten Nationen der Welt gemacht. Beim deutschen Aufbau Ost gibt es zum Glück keine aktiven Vulkane, sondern nur eine passive Unlust. Entdecken wir also ein wenig den Isländer in uns. Deutschland ist 1989 wie die Westmänner-Inseln um ein Drittel größer geworden. Vergessen wir deshalb den Solidaritätszuschlag und machen uns ein anderes Aufbaurezept zu eigen: »Wer einen Garten anpflanzt, darf ihn behalten.«

Rückkehr der Klassengesellschaft

Ein sympathischer Charakterzug Deutschlands ist seine vertikale Durchlässigkeit. Im In- und Ausland erzählen wir stets voller Stolz, dass es bei uns Bauernsöhne zum Präsidenten bringen konnten, Töchter von Dorfpfarrern zur Kanzlerin, Söhne von Putzfrauen zum Kanzler und Fabrikarbeiter, Fliesenleger, Taxifahrer und Bäcker zum Minister. Eine relativ offene Oberschicht unterscheidet unser Land wohltuend von Frankreich, wo man normalerweise in der ENA (École nationale d'administration) gewesen sein muss, um in den Elite-Klüngel aufgenommen zu werden. Selbst in den Vereinigten Staaten, die ja demonstrativ egalitäre Umgangsformen pflegen, blieben Karrieren wie die von Bill Clinton die Ausnahme. Hierzulande dagegen waren sogar Konzerne durchlässig. Es kam gar nicht so selten vor, dass es begabte Köpfe von der Werkbank bis in die Vorstandsetage schafften.

Fragt sich nur, ob das noch lange so geht. Während die Bekenntnisse zur Gleichheit aus den Parteien immer lauter und schriller tönen, wird der gesellschaftliche Trend zur Abschottung nach unten unübersehbar. Immer mehr Bürger verschaffen sich mit Geld Privilegien, während die egalitären Institutionen Schritt für Schritt schäbiger aussehen. Wer es sich leisten kann, geht zur privaten Renten- und Krankenversicherung, schickt seine Kinder in Privatschulen und in ebensolche Kindergärten oder fördert sie zumindest mit teurem Nachhilfeunterricht. Die öffentlichen Institutionen, die ja eigentlich für alle da sein sollen, werden zu Verwahranstalten für die Armen und deren Kinder. Unter dem Primat der Gleichheit ist die Gesellschaft stetig ungleicher geworden.

Die Kultur ist inzwischen ebenso strikt sozial segregiert wie die Wohnviertel. Einst war Fernsehen ein kulturell verbindendes Element. Heute ist die Trennung der Programme nach Unterschicht und Mittelschicht so absolut, dass die eine Gruppe oftmals keinen Schimmer hat, was die andere dort geboten kriegt. Ungerechterweise darf die Zielgruppe des »Unterschichtenfernsehens« via Gebühren »arte« mitfinanzieren.

Die sozialdemokratische Gleichheitspolitik der siebziger Jahre war zunächst ein Erfolg, führte dann aber in ihrer konsequenten Anwendung auf immer mehr Bereiche zur Erosion des Leistungsgedankens. Ausgerechnet die Generation, die davon am stärksten profitierte, treibt nun die Entegalisierung der Gesellschaft voran. Die Gewinner der Bildungs-, Kultur-

und Gleichstellungsoffensiven wollen sich nach unten abgrenzen. Dünkel ist wieder erlaubt. Die, die es geschafft haben, vergessen, dass ihr postmaterielles Universum über einem weiterhin materiellen schwebt, in dem sich nach wie vor die Wirklichkeit großer Teile der Bevölkerung abspielt. Kopfschüttelnd bestaunen sie die »Prolls« in den Freakshows der Privatsender und sorgen dafür, dass ihr Nachwuchs nicht mit Unterschichtkindern in Berührung kommt.

Die Tür zur Bildung wird wieder verschlossen. Einkommen der Eltern und Schulabschluss korrelieren hierzulande stärker als in den USA, die gern als Beispiel sozialer Kälte herangezogen werden. Die Unbefangenheit, mit der das arrivierte Kleinbürgertum von »Prolls«, »Loosern« oder »White Trash« spricht, steht im auffälligen Gegensatz zur sozialdemokratisch geprägten Kultur des vergangenen Vierteljahrhunderts, wo diese Bevölkerungsschichten teils idealisiert, teils mit institutioneller Fürsorge gehätschelt wurden.

Auch wenn sich mancher durch eifrige Dünkelpflege besser fühlen mag – aus eigener Erfahrung können wir nur empfehlen, gelegentlich Kontakt zur Welt jenseits von Oper, gepflegtem Weißwein und Designermöbeln aufzunehmen. Das ist erstens besser für den Zusammenhalt unseres Landes. Und zweitens geht es in Eckkneipen meist viel lustiger zu als auf den Festivitäten des Bildungsbürgertums, wo Eventagenturen für gehobene Langeweile sorgen.

Modell Dernbach

Am »Dernbacher Dreieck« im Westerwald ist öfter mal Stau. Deshalb kennen viele den Ort aus den Verkehrsnachrichten. Als bekannteste Söhne des Dorfes gelten die Ludolfs, die eine ortsansässige Autoverwertung betreiben. Die vier Brüder und ihr Alltag sind inzwischen Thema einer erfolgreichen Dokusoap.

Die Ludolfs bilden so etwas wie das perfekte Kontrastprogramm zur deutschen Telekom. Hier das Großunternehmen, das von seinen Kunden nur noch als schwarzes Loch wahrgenommen wird. Dort Peter, Uwe, Manni und Günter: Ein familiärer Dienstleistungsbetrieb, dessen Mitglieder zusammenhalten wie Pech und Schwefel. Die Treue der Kunden zu den vieren grenzt an kultische Verehrung, ganz ohne Leitlinien für »Customer Relationship«. Das Modell Dernbach wirkt wie eine trotzige Gegenwelt zu Großunternehmen, in denen geklonte Jungmanager in einer Endlosschleife Restrukturierungsmaßnahmen und Kostensenkungen verkünden.

Die Ludolfs würden es gar nicht erst bis ins Personalbüro eines deutschen Konzerns schaffen. Sie haben keine Angst um ihre Figur, kein Verhältnis zu ihrer Frisur und keinen Respekt vor Wichtigtuern. Stattdessen meistern vier große Jungs mit nicht immer korrekter Grammatik, aber erheblichem Talent selbstständig ihr Leben. Den Ausdruck »Corporate Responsibility« halten sie wahrscheinlich für eine amerikanische Biermarke. Das macht jedoch nichts, denn sie gehen mit sich und ihren Mitmenschen einfach ehrlich und freundlich um. Natürlich gibt's auch mal Ärger unter den Brüdern. Manni beispielsweise beschimpft dann seine Gartenzwerge, denen er die Namen Günter, Peter und Uwe gegeben hat.

Als die Ludolfs kürzlich auf ihrem Schrottplatz einen »Tag der offenen Tür« veranstalteten, brachen 15 000 Fans aus dem gesamten Bundesgebiet über Dernbach herein. Es gab einen Rückstau bis auf die Autobahn, und der Bürgermeister rief den Ausnahmezustand aus. Die massenhafte Zuneigung erinnert beinahe an den Eisbären Knut, dem ein Teil der Truppe auch im Body-Mass-Index nahekommt. Wie Knut sind die vier Originale vom Volk adoptiert worden.

Uwe und Manni beinen die alten Schrottautos aus. Peter ordnet sie in einem selbst erdachten »Haufenprinzip« und weiß, welches Teil er in einem der nach Baugruppen sortierten Metallberge einmal abgelegt hat. So behält er den Überblick über ein bis zwei Millionen (!) Ersatzteile – alles im Kopf. Ein Rücklicht für einen Opel Kadett Baujahr 1981? Peter marschiert los und findet das entsprechende Teil mit schlafwandlerischer Sicherheit. Was würde der gemeine Elektronikketten- oder Baumarktkunde für einen so kompetenten Ansprechpartner geben!

Günter, der Telefonist, ist zwar etwas weniger wortgewandt als die Dame vom Telekom-Callcenter. Die mittlerweile von jedermann gehasste Ansprache »Mein Name ist sowieso, was kann ich für Sie tun« kommt ihm nicht über die Lippen. Günter sagt überhaupt kaum etwas. Stattdessen hält er die Telefonmuschel zu und fragt Peter über den Tisch der gemeinsamen Wohnküche hinweg, ob das entsprechende Ersatzteil vorrätig ist. Und dann gibt's knapp eine verbindliche Auskunft. Und die lautet meistens: Ja. Es sind oft die weniger Betuchten, die sich eine gebrauchte Lichtmaschine für ihren alten Golf besorgen. Die spüren obendrein Respekt. Vor Günter ist jeder gleich.

Aus einem eher zufälligen Fernsehbericht über die Schrottbrüder Ludolf entstand inzwischen eine Serie, in der die Kamera das Leben und Arbeiten der vier Brüder begleitet. Menschen, die in jedem großen deutschen Unternehmen hoffnungslos untergebuttert würden, zeigen darin ihr Können. Eine prima Werbung, nicht nur für die Idee der Dienstleistung, sondern auch für Selbstständigkeit als Arbeits- und Lebensform. Die anarchischen und ungestylten Ludolfs zeigen Marktwirtschaft von unten. Und das ist genau das, was einem Unternehmen wie der Telekom fehlt.

Mitte der achtziger Jahre war viel die Rede vom kommenden postmateriellen Zeitalter. Der Wohlfahrtsstaat, so die
damals gängige These, habe die Armut im Inland nahezu
beseitigt. Die großen Konflikte der Zukunft erwartete man
auf sogenannten weichen Politikfeldern wie Umweltschutz, Geschlechterbeziehungen oder Lebensstilfragen.
Erich Fromms »Haben oder Sein« war ein viel zitierter
Bestseller und wurde damals von modern geltenden Sozialdemokraten wie Oskar Lafontaine zum philosophischen
Wegweiser ihrer Politik erklärt. Schön war die Zeit. Doch
die postmaterielle Ära währte nur kurz.

Heute geht es zwar noch nicht ums Brot, aber immerhin
schon wieder um die Wurst. Wo materielle Kämpfe ausge-
fochten werden, kann man Fromm getrost beiseitelegen. Es
lohnt sich dagegen ein Blick zurück zum alten Marx. Der
interpretierte die Geschichte als Abfolge von Klassenkämp-
fen und prophezeite, dass dereinst die Arbeiterklasse die
Staatsmacht erobern würde, um die Diktatur des Proletari-
ats auszurufen. Das meiste davon hat sich gottlob als Irrtum
erwiesen. Doch die Klassenkampftheorie kann durchaus
hilfreich sein, wenn um die ökonomischen Grundlagen eines Landes gestritten wird.

Wie wäre es mit folgender Hypothese: In Deutschland wird
ein knallharter Klassenkampf ausgetragen. Jedoch nicht zwischen Arbeitern und Kapitalisten, sondern zwischen zwei
Lagern, deren ökonomische Interessen mindestens ebenso
antagonistisch gegeneinanderstehen: dem produktiven Sektor und dem öffentlichen Dienst. Zum produktiven Sektor
zählen Arbeiter und Angestellte in der Privatwirtschaft,
Unternehmer und Freiberufler. Der öffentliche Dienst um-
fasst alle, die beim Bund und den Ländern angestellt sind

oder in staatsnahen Körperschaften nach öffentlich-rechtlichen Tarifen besoldet werden. Zwischen den beiden Antagonisten stehen die großen Kapitalgesellschaften und Finanzkonzerne, die aber durch vielfältige Verflechtungen und Abhängigkeiten mehr zur Seite des Staates neigen.

Die SPD ist schon lange nicht mehr die Partei der Fabrikarbeiter, sondern die Partei des öffentlichen Dienstes, dessen Interessen sie unverhohlen und entschieden vertritt. Ohne den Segen von Verdi läuft im Willy-Brandt-Haus nichts. Im Prinzip ist nichts dagegen einzuwenden, wenn die SPD diese Rolle einnimmt. Schließlich ist die Arbeiterschaft zu einer Minderheit geschrumpft, und die vielen im öffentlichen Dienst Beschäftigten müssen politisch angemessen repräsentiert werden. Inklusive Familienangehörigen und Rentnern stellt diese Gruppe etwa ein Viertel der deutschen Bevölkerung.

Doch leider ist es nicht allein die SPD, die die Interessen dieser Klasse vertritt. Auch in den anderen Parteien dominiert der öffentliche Dienst, wenn auch nicht ganz so extrem. Im Bundestag sind die Beamten in grotesker Weise überrepräsentiert. Der produktive Sektor kommt in der Volksvertretung kaum vor. Das Drittel der Gesellschaft, an dem die Wertschöpfung hängt, ist vielen Volksvertretern fremd und manchmal sogar suspekt geworden. Doch diese Gruppe kommt für alle und alles auf: Für die Renten, die Krankenkassen, die Bildung, für Arbeitslosengeld und Sozialhilfe – und natürlich auch für die Besoldung des öffentlichen Dienstes. Der Kern des produktiven Sektors – und des bisherigen Wohlstandes in Deutschland – sind die mittelständischen Betriebe. Sie tätigen den Großteil der steuerpflichtigen Umsätze, beschäftigen die meisten Arbeitnehmer, bilden die Mehrheit aller Lehrlinge aus und sind führend bei den Patenten. Um weiterhin existieren zu können, brauchen sie niedrigere Steuern, niedrigere Lohnnebenkosten, einen flexibleren Arbeitsmarkt und eine stabile Währung und – im Sinne zukünftiger Generationen – einen Staat, der keine Schulden anhäuft.

Dem öffentlichen Dienst ist die Zwangslage des produktiven Sektors unverständlich. Er reagiert mit Abwehr. Wie eine herrschende Klasse im Marx'schen Sinne versucht er mithilfe immer höherer Steuern, eines starren Kündigungsschutzes und hoher Staatsschulden seine Machtposition zu festigen und auszubauen. Er führt den Klassenkampf von oben und bedient sich dabei ironischerweise der Propagandaklischees aus der marxistischen Mottenkiste. Mancher Appell von Verdi, in dem es um nichts weiter geht als die Privilegien unkündbarer Gutbetuchter, liest sich, als werde um die Hungerlöhne peruanischer Minenarbeiter gefochten.

Der genialste Schachzug im Klassenkampf von oben war die Eroberung der geistigen Hegemonie durch die ökonomische Anbindung der kulturellen Eliten (hier lohnt es sich den Blick von Marx zu Gramsci schweifen zu lassen). Da nahezu der gesamte Kulturbetrieb von Staatsgeldern abhängig und an Staatsgelder gewöhnt ist, unterbleibt in diesem Bereich fast jegliche Kritik an der herrschenden Klasse. Ökonomisch rundum versorgte Kulturmandarine inszenieren den Klassenkampf von gestern, weil sie den von heute nicht begreifen können. Auch hierfür liefert Marx eine schlüssige Erklärung: Das Sein macht das Bewusstsein. Stadttheater, Kunstakademien und populäre Fernsehkrimis simulieren kritisches Bewusstsein, indem sie unablässig die alten Klischees aufwärmen. Der öffentliche Dienst applaudiert, der produktive Sektor zahlt die Subventionen.

Revolutionen laufen populären Vorstellungen zufolge meist nach einem ähnlichen Drehbuch ab. Und das geht in etwa so: Eine kleine Minderheit dominiert den Staat und lebt auf Kosten der anderen, bis der Zorn der großen Masse explodiert und die Herrschenden davonjagt. In Deutschland sehen wir uns heute einem umgekehrten Phänomen gegenüber. Die große Mehrheit lebt auf Kosten einer Minderheit. Nur noch ein Drittel der Bürger dieses Landes gehört dem produktiven Sektor an und erwirtschaftet jene Mittel, von denen alle anderen leben. Aus ihrer Produktivkraft werden Renten, Krankenkassen, die Bildung, Arbeitslosengeld, Sozialhilfe und auch die Gehälter für den öffentlichen Dienst generiert. Die Mehrheit wird sich dagegen kaum erheben – und die Minderheit hat keine Chance. Deshalb deutet derzeit nichts auf eine Explosion hin – sondern alles auf eine Implosion. Um es mit Häuptling Seattle zu sagen: Erst wenn alle Geld vom Staat kriegen, werden sie merken, dass man es niemandem mehr aus der Tasche ziehen kann.

Arbeiter und Angestellte in der Privatwirtschaft, Freiberufler und Unternehmer sind in Deutschland längst Exoten. Dafür genügt ein Blick in den Bundestag: Etwa die Hälfte der Abgeordneten stammt aus dem öffentlichen Dienst, zusammen mit Berufspolitikern und Verbandsfunktionären stellen sie zwei Drittel der deutschen Volksvertreter. Sie formieren faktisch eine Staatspartei mit absoluter Mehrheit, die eigentlichen Parteien wie CDU oder SPD beschreiben nur noch verschiedene Flügel. Quereinsteiger ohne den vertrauten Stallgeruch von Behörden, Ämtern und Funktionärsgremien werden abgestoßen wie von einem Immunsystem.

Man betrachte nur die Vorgänge um die sogenannte Gesundheitsreform, bei der nichts tabu sein soll außer den

Privilegien der zahlreichen Funktionäre, darunter Hunderte Krankenkassen mit Vorständen, Verwaltungsräten und Dienstwagen.

Mit allen Mitteln sollen auch Freiberufler in das System gezwungen werden, schließlich muss frisches Geld her. Wobei Eile geboten ist, Freiberufler geraten allmählich auf die rote Liste bedrohter Spezies. Auch andernorts werden funktionärsfreie Zonen nicht mehr geduldet. Die Kaste der Überwacher und Beamten schreibt Unternehmern Mindestlöhne vor und zwingt Stromproduzenten, Wind- und Solarenergie zu überhöhten Preisen abzunehmen. Immer neue Bevormundungsinitiativen – vom Antiraucher- bis zum Antidiskriminierungsgesetz – erfordern eine immer größere Zahl staatlich bestallter Überwacher und Volkserzieher. Nicht zu vergessen das Heer der Umverteiler: Die jährlichen Subventionsberichte zeigen, wie Deutschland beim Abbau staatlich gewährter Wohltaten für gut organisierte Interessengruppen vorankommt: nämlich gar nicht. Es werden zwar bestehende Subventionen abgebaut, stattdessen aber umgehend andere beschlossen. Die müssen ebenfalls irgendwo abkassiert werden.

Mit dem Staat verbandelte große Kapitalgesellschaften und Finanzkonzerne sind längst Teil des Systems. Die Karrieren ehemaliger Politgranden sprechen Bände: Gerhard Schröder heuerte als Lobbyist bei Gasprom an, sein Wirtschaftsminister Werner Müller ging zur Ruhrkohle AG, Finanzstaatssekretär Caio Koch-Weser fand bei der Deutschen Bank Unterschlupf. Der Grüne Rezzo Schlauch avancierte zum Berater des Atomkraftwerkbetreibers Baden-Württemberg. Die immer engere Verflechtung von Staat und Konzernen solle über den Staatsmonopolkapitalismus (Stamokap) ganz automatisch in den Sozialismus führen, ersehnte es einst eine Fraktion der Jungsozialisten.

Ihr Wunsch ist inzwischen zumindest teilweise Wirklichkeit geworden – nur anders als gedacht.

Gesegneter Konsum

Letztes Wochenende war unser gemeinsamer Bekannter Oliver zu Besuch. Oliver ist gewissermaßen voll globalisiert. Lebt mit seiner chinesischen Frau, die er in Australien kennengelernt hat, in London. Und welchem Vergnügen gingen die beiden nach? Shopping in Singapur oder Hongkong? Nein: Einem Besuch auf dem Nürnberger Christkindlesmarkt – Billigflug macht's möglich. Vergnügt genossen sie Lebkuchen und Glühwein im Kerzenschein. Man muss scheinbar weit gereist sein, um das in sentimentaler Unschuld einfach genießen zu können. Bei den Daheimgebliebenen ist ja eher Dekonstruktion angesagt: Alles nur Kommerz! Peinlicher Gemütskitsch! Geschaffen, um den Menschen das Geld aus der Tasche zu ziehen!

Die Litanei über die gar schreckliche Kommerzialisierung des Weihnachtsfestes gehört mittlerweile genauso zum Fest wie das Krippenspiel im Gottesdienst. Wir beide leben jedenfalls schon so lange damit, wie wir uns Geschenke wünschen können. Unvergessen bleibt die Deutsch-Klassenarbeit mit der Aufgabenstellung: »Erörtern Sie die stetig zunehmende Kommerzialisierung von Weihnachten und stellen Sie Möglichkeiten der Abhilfe dar.« Die Note war ziemlich katastrophal, weil einem Vierzehnjährigen, der von einer Stereoanlage träumte, keine Möglichkeiten zur Abhilfe einfallen wollten.

Inzwischen trat der iPod an die Stelle der Stereoanlage, die Klage aber blieb die gleiche. Die evangelische Bischöfin Margot Käßmann riecht »die süße Soße von Kommerz und

Kitsch«, und Peter Hahne entlarvt den Weihnachtsmann als »Packesel der Konsumgesellschaft.« Auf der Internetseite des Goethe-Institutes heißt es: »Ganz klar, Weihnachten hat heute nur noch einen Zweck: Den Impuls für noch mehr Konsum zu geben und damit die Binnenwirtschaft anzukurbeln.« Sogar die Amerikaner, die ja sowohl den Konsum als auch den Weihnachtsmann in seinem heutigen Outfit erfunden haben, stimmen inzwischen in die Litanei ein: Laut einer Umfrage beklagen 85 Prozent die Kommerzialisierung des Festes.

Ein paar konsumkritische Bemerkungen aus der Phrasendreschmaschine dürfen in keiner Predigt oder Festansprache mehr fehlen. Sie sind selbst zum rituellen Bestandteil der Feier geworden. Ohne die üblichen kulturpessimistischen Gedanken zum desolaten Zustand unserer Gesellschaft und den verhängnisvollen Ergebnissen des Gewinnstrebens würde dem Publikum echt was fehlen. Das schöne an solchen Beschwörungen ist, dass keiner mehr fragt, ob sie tatsächlich etwas mit der Faktenlage zu tun haben.

Erinnern wir uns doch mal: Vor einigen Jahren spendeten die egoistischen deutschen Konsumtrottel innerhalb weniger Tage 670 Millionen Euro für die Opfer des Tsunami. Für gute Zwecke gehen pro Jahr in Deutschland zwei bis drei Milliarden Euro Spenden ein. Diese Summen fielen nicht vom Himmel, sondern mussten erwirtschaftet werden. Kommerz und Konsum haben zwar eine schlechte Presse, zeitigen unter dem Strich aber segensreiche Ergebnisse auch für Menschen in Not. Mal ganz abgesehen von ihrer Frieden stiftenden Wirkung: Gesellschaften, in denen sich eine wohlhabende und konsumfreudige Mittelschicht herausgebildet hat, sind nur noch schwer dazu zu bewegen, in einen Krieg zu ziehen. Menschen, die von einem Auto oder einem Häuschen träumen, haben keine Lust mehr, sich oder ihre Söhne für die höheren Weihen des Vaterlandes zu opfern.

Die Konsumgesellschaft mag ihre Schattenseiten haben, dem christlichen Ziel der Nächstenliebe entgegengesetzt ist sie nicht. Die weihnachtliche Kommerzklage verrät vielmehr einen Bedeutungswandel des Festes für viele Menschen. Weg von den Dogmen der Entsagung, des Verzichts, der Selbstaufopferung und des Jenseitsdenkens – hin zu einem Fest der Lebensfreude und der Verfolgung des persönlichen Glücks.

Hartz- und Hühnerdiebe

Wie einfach könnte das Leben doch sein, wenn die Welt sich so verhielte, wie die Obrigkeit sich das vorstellt. Da ist man in Bayern stolz auf seinen amtlichen Naturschutz und freut sich über den ersten Bären seit 170 Jahren. Doch der da kommt, ist kein Steiftier und auch nicht Balu aus dem Dschungelbuch, sondern Bruno aus dem richtigen Leben, ein Hühnerdieb, der Pranken und Klauen hat, beißt und randaliert. Huch! Der Freistaat legte sogleich eine ethische Bärennorm fest: Fortan unterscheidet die bayerische Staatskanzlei zwischen dem »sich normal verhaltenden Bär« (»ein bis zwei Schafe pro Jahr«), dem »Schadbär« und dem »Problembär«. Es gibt jetzt in Bayern zwar keinen Bären mehr, aber dafür einen Bärenbeauftragten, der ein Bärenmanagement aufbauen soll, auf dass der neue Bär geschaffen werde.

Während man sich in München im Bärenbild geirrt hat, lief man in Berlin mit dem neuen Menschen auf Grund. Der SPD-Fraktionsvorsitzende Peter Struck erklärte zu den Hartz-Gesetzen: »Das Menschenbild, das wir hatten, war vielleicht zu positiv. Es war zu optimistisch anzunehmen, dass Menschen das System nur in Anspruch nehmen, wenn sie es wirklich brauchen.« Huch! Unerhört: Menschen, denen man dazu die

Gelegenheit gibt, suchen ihren Vorteil – und das mitten in Deutschland! Die Parallele zwischen Hartz- und Hühnerdieb drängt sich geradezu auf. Und auch die Frage, wie es einer Regierung im 21. Jahrhundert noch passieren kann, Gesetze auf Basis des Gedankens zu verabschieden, der Mensch trachte ausschließlich danach, edel, hilfreich, gut, gebärfreudig und gelassen patriotisch zu sein.

Von der glorreichen Sowjetrevolution bis zum deutschen Arbeiter- und Bauernstaat gibt es eine reiche historische Auswahl an Projekten, die an einem »zu positiven Menschenbild« scheiterten. Und wenn der neue Mensch lieber der alte blieb, ließ man ihn erschießen – so wie Bruno, als er nicht das erwünschte Benehmen an den Tag legte.

Wenn es ein strukturelles Defizit in Deutschland gibt, dann im Unvermögen eines großen Teils der politischen Klasse, daraus zu lernen. Die ganz große Koalition der deutschen Politik sieht sich unverdrossen als begabter Sozialingenieur, der den Menschen nach seinem Willen formen möchte, anstatt ihn zu nehmen wie er ist. Nachdem sie den Bürger jahrzehntelang auf staatliche Fütterung konditioniert haben, beklagen sie nun, dass Empfänger zum Arbeitsamt gehen »und für sich und ihre Kinder das Geld wie Gehälter fordern« (Struck).

Die Herrschaften gleichen einem Gastwirt, der pleite ist, es aber nicht lassen kann, zum Freibier einzuladen, damit die Kneipe voll ist und alle bei Laune bleiben. Und wenn dann alle kommen und sich einen Schluck aus der Pulle gönnen, ist man furchtbar erschrocken, dass nicht nur die Freibier trinken, »die es wirklich brauchen«. Und dann geht der Wirt polternd von Tisch zu Tisch und fordert »mehr Anstand«, schließlich »müsse man nicht alles rausholen was geht« (Kurt Beck).

Wer so handelt, hat weder von Menschen noch von Anstand eine Ahnung. Anstand ist eine Kategorie, die den

Staat überhaupt nichts angeht. Er soll wenige, aber ordentliche Gesetze machen, die das friedliche Zusammenleben der Bürger verbindlich regeln. Dafür müssen sie nicht anständig sein, sondern nur lesen können. Anstand und Rücksichtnahme aber gedeihen ganz ohne Staat in direkten Beziehungen zwischen Individuen und Gruppen. Die Verheißung einer anhaltenden Kooperation führt dazu, dass Menschen sich beispielsweise bei freiem Handel und Tausch meist anständig benehmen, weil sie einen langfristigen beiderseitigen Vorteil kurzfristiger einseitiger Übertölpelung vorziehen. Man nennt das »prosoziales« Verhalten. Sobald eine staatliche Umverteilungsmaschinerie diesen Vorgang anonymisiert, kommt der Anstand auf den Hund.

Und genau dies leistet ein über Jahrzehnte ausgeufertes Umverteilungsdickicht, bei dem das Geld scheinbar vom Himmel fällt, weshalb beim Plündern niemand ein schlechtes Gewissen haben muss. Und wie lautet die aktuelle Antwort auf die Verheerungen von zu viel Staat? Noch mehr Staat! Die Kontrolle der Konten ist bereits lückenlos, die der Schlafzimmer macht Fortschritte (Hartz), die der Gesinnung ebenfalls (Antidiskriminierungsgesetz). Und so basteln sie in Berlin weiter am neuen Menschen und in München am neuen Bären, was historisch zwangsläufig zum ersten deutschen Bären- und Bauernparadies führen muss.

We only do it for the money

»Geld macht nicht glücklich, aber es beruhigt«, heißt es im Volksmund. Leider ist es uns bislang nicht gelungen, dies kompetent beurteilen zu können. Unsere Gattinnen arbeiten aber daran und füllen jeden Freitag einen Lottoschein aus. Die Tatsache, dass wir hier des Öfteren für die Freiheit der

Ökonomie und der Märkte eintreten, hat bedauerlicherweise nicht dazu geführt, dass wir von finsteren Kapitalisten mit Geldbündeln überhäuft werden. Was sich so mancher aber gar nicht vorstellen kann: »Anscheinend geht es Ihnen darum, auf dieser Welle abzukassieren«, schrieb uns neulich ein Leser, »Menschen wie Sie haben keine Visionen, kein Ziel.«

Wir führen das Zitat hier an, weil es eine verbreitete Verachtung des Ökonomischen so schön auf den Punkt bringt. Erstens: Die Erwirtschaftung von Gütern geschieht grundsätzlich auf Kosten anderer (»abkassieren«). Und zweitens: Das Streben nach Gewinn geht mit geistiger Leere und dem allgemeinen Verfall der Sitten einher. Uns erscheint der schnöde Mammon dennoch als das geringere Übel, denn bedauerlicherweise entfalteten sich geistige Leere, kultureller Niedergang und moralische Verwahrlosung im Namen höherer Werte oft besonders beängstigend. Doch das hören die Tadel- und Selbstlosen nicht so gerne. Und es sagt ihnen auch fast niemand mehr, insbesondere kein Politiker. Stattdessen werden Sprechblasen zum Besten gegeben, wie zum Beispiel: »Politik muss mehr sein als Ökonomie!«

Nun ist das hierzulande seit langem der Fall. Norbert Blüms Spruch »Die Rente ist sicher« war ja bereits vor zehn Jahren nur transzendent nachvollziehbar. Die derzeitigen Sozialsysteme funktionieren auch nur, wenn man den Taschenrechner aus dem Fenster wirft und heftige Visionen hat. Viele Bürger imaginieren Vater Staat derweil als eine Art reicher Onkel in Amerika, der unbegrenzt Carepakete zu schicken hat. Den Ton gibt dabei eine kulturelle Elite an, die am liebsten den Weltsicherheitsrat anrufen würde, wenn beim Stadttheater gespart werden muss. Das Wort »Profit« wird allenfalls ausgespuckt, man selbst bezieht ja nur Gehalt. Mit welchem Recht diese Überheblichkeit? »Die leere Arroganz der Künstler«, schrieb der liberale Ökonom

Ludwig von Mises, »weist die Tätigkeit der Geschäftsleute als unintellektuelles Geldverdienen von sich. Die Wahrheit ist, dass die Unternehmer und Gründer mehr intellektuelle Fähigkeiten und Intuition entfalten müssen als der durchschnittliche Schriftsteller oder Maler.«

Auch dem deutschen Pädagogen, der zu den bestbezahlten der Welt gehört, ist unternehmerisches Denken höchst verdächtig. So was hat im Bildungskanon keinen Platz. Schade eigentlich. Eine Untersuchung ergab soeben, dass gute Schulen eine Menge mit Ökonomie zu tun haben. Sehr viel mehr noch als mit hohen Bildungsausgaben korreliert die Leistung der Schüler mit dem Grad der wirtschaftlichen Freiheit, der in einem Land herrscht. Der freie Markt macht in vielfacher Hinsicht schlau, scheint Leistungsmotivation und Erfindergeist zu fördern.

Doch wenn es ein Land gibt, das sich derzeit energisch dem »Terror der Ökonomie« (Viviane Forrester) widersetzt, dann ist das Deutschland. Anstatt die Grundrechenarten zu reaktivieren und die Realität eines ausgeschöpften Überziehungskredites anzuerkennen, wird der Untergang des Abendlandes beschworen. Natürlich ist Politik mehr als Ökonomie, ohne Ökonomie ist sie allerdings gar nichts. Nichts gegen Visionen, aber ab und zu könnte ein elterlicher Rat nicht schaden. Wie hieß es gerade gestern im Hause Miersch: »Ihr dürft ins Kino, aber vorher müsst ihr eure Zimmer aufräumen.«

Love, Peace and Cash

Als wir die Schimpansenforscherin Jane Goodall einmal fragten, wie sie ihr dichtes Programm aus Vorträgen, Spendengalas und Konferenzen eigentlich bewältigt, antwortete sie lächelnd: »Ich wohne im Flugzeug.« Das war nicht ironisch gemeint. Ihr internationales Pensum kriegt sie anders nicht hin. Die charismatische Wissenschaftlerin hatte Anfang der neunziger Jahre die Forschung an den Nagel gehängt, um fortan mit aller Kraft für den Schutz der Menschenaffen zu werben. Das gelingt ihr bis heute vorzüglich. Sie gehört zur Elite eines globalen Ethik-Jet-Sets, der inzwischen viel einflussreicher ist als mächtige Gewerkschaftsbosse oder Kirchenführer, die noch in nationalen Grenzen agieren. Nicht alle, die dazugehören, sind so bescheiden und integer geblieben wie Jane Goodall. Ein Leben in Flugzeugen und exquisiten Hotels kann hart und entbehrungsreich sein – muss es aber nicht.

Erfolgreiche Umweltschützer sitzen nicht mehr mit gelbem Ölzeug im Schlauchboot. Versierte Dritte-Welt-Aktivisten besuchen nur noch selten ein staubiges Dorf. Auch Revolutionäre reisen Businessklasse. Sie treffen sich alle auf dem globalen Parkett, man kennt sich, man sieht sich. Die Nichtregierungsorganisationen (NGOs) sind immer dabei und stellen oftmals das größte Kontingent an Konferenztouristen. Vertreter internationaler Organisationen wie EU und UN bilden die High Society dieser Events. Auch die Gehaltstarife spiegeln das wider: Bei den Internationalen verdient man besser als bei den Nationalen und bei den Globalen am besten. Eines ist ihnen allen gemeinsam: Niemand hat sie gewählt, und sie haben keine Basis, der sie sich ernsthaft verantworten müssten.

Spätestens seit dem Erdgipfel in Rio 1992, zu dem damals 35 000 Teilnehmer kamen, entsteht eine besondere Form von »neuer Klasse«. Dieser Begriff wurde von dem jugoslawischen Kommunisten und späteren Dissidenten Milovan Djilas Ende der fünfziger Jahre in die Welt gesetzt. Er sollte deutlich machen, dass die Partei-Elite in den kommunistischen Ländern mehr war als nur eine Nomenklatur etablierter Ex-Revolutionäre. Die Apparatschiks bildeten eine neue

Klasse, die ihre ökonomische Vormachtstellung und ihre Privilegien sicherte und ausbaute.

Die neue Weltklasse der rapide wachsenden supranationalen Organisationen und endlosen Kettenkonferenzen ist noch nicht so weit. Doch in Aussehen, Habitus und einer gewissen Art, schlechtes Englisch zu sprechen, haben sie es bereits zu bemerkenswerter Uniformität gebracht. Ihr gemeinsames Motto lautet: »Mir ist egal, was ich mache, aber ich mache es professionell.« Und so wechseln sie im Zwei-Jahres-Rhythmus vom IRK zur WHO, vom WWF zum IWF und zurück. Wer jung ist, Fremdsprachen spricht und gute Abschlüsse vorweisen kann, versucht auf dieses Karussell aufzuspringen. Man sieht die Welt und genießt weitaus mehr soziales Renommee als der Studienkollege, der sich bei einem finsteren multinationalen Konzern verdingen muss. Das tut gut, wenn man neben ihm im Flugzeug sitzt.

Doch so losgelöst die neue Klasse auch wirkt, ihre ökonomische Ausstattung wird von den Steuerzahlern der Nationen bestritten. »Sie sind«, sagte Josef Joffe einmal, »keine staatstragende, aber eine vom Staat getragene Klasse.« Die Bürger beschleicht das Gefühl, mehr erfahren zu wollen über das Gremientreiben in UN und EU. Sie möchten mal erklärt bekommen, warum bei Klimakonferenzen Zehntausende teilnehmen müssen. Und weshalb jedes modische Problem entschlossen mit einer internationalen Tagung bekämpft wird. Aber die neue Klasse ist längst in den Wolken entschwunden.

Weihnachtswohlfahrtswettbewerb

In den Wochen vor Weihnachten sehen sie uns vorwurfsvoll an, die Verdammten dieser Erde: afghanische Kriegsopfer, maghrebinische Flüchtlinge, afrikanische Aidswaisen. Die deutschen Innenstädte sind im November und Dezember zugepflastert mit Spendenaufrufen. Der Fundraising-Verband diagnostiziert einen Verdrängungswettbewerb unter den Hilfsorganisationen. Es geht dabei um über eine Milliarde Euro, die die Deutschen alljährlich für gute Zwecke spenden. Um ihre Aufmerksamkeit zu ergattern, werden die schweren Geschütze der visuellen Kommunikation aufgefahren. Zum Schaden der guten Sache, denn die Allianz aus honorigen Helfern und Werbeagenturen bringt eine Bildsprache hervor, die teilweise geschmackloser ist als die konkurrierenden Dessousmodelle von H&M.

Eine traditionsreiche Blindenhilfsorganisation warb 2003 mit dem Gesicht eines schwarzen Mannes. Seine Augen erschienen auf dem Foto durch Computerbearbeitung als Spardosenschlitze. Man kann sich die Entstehung dieses Plakats lebhaft vorstellen. Ein paar flinke Jungs aus der Reklamebranche zeigen ihre mit Soundwatte unterlegte Powerpointpräsentation vor einem Gremium älterer Herren, die sich ihr Leben lang mit Blindenschulen und Brailleschrift beschäftigt haben. Die Honoratioren halten die Entwürfe für obszön, doch die flotten Werber sagen, das sei jetzt modern, und alle würden das so machen, und wer nicht mitmache, fände keine Beachtung mehr. Da nicken die seriösen Herren und hoffen, dass so ein Plakat nicht vor ihrem Fenster aufgehängt wird.

Selbstverständlich musste der Blinde mit den Dosenschlitzen im Gesicht schwarz sein. Denn schwarz heißt arm und hilfsbedürftig in der Werbesprache, selbst wenn man ein Fotomodell ist und auch so aussieht. Überhaupt bedienen sich die Spendenwerber alle aus dem gleichen Klischeekasten: Schwarz muss sein, Kind kommt gut und dann am besten noch eine Anspielung auf eines dieser Bilder, die jeder im Kopf hat. Selbst jenes berühmte Foto, auf dem der Polizeipräsident von Saigon einem Gefangenen in die Schläfe schießt, musste schon als Designvorlage für ein Spendenplakat herhalten. Gern wird auch Stacheldraht im Vordergrund genommen, das ruft die Erinnerung an KZ-Gefangene wach. Man hoffe auf einen »Emotionalitätsschub«, sagt der Sprecher einer großen Hilfsorganisation.

Was sollen uns diese Bilder sagen? Eigentlich nur das eine: Schlimm, dass es Armut auf der Welt gibt. Das ist jedoch allgemein bekannt. Deshalb wäre es doch interessant zu erfahren, warum es Armut gibt und wie die jeweilige Hilfsorganisation dagegen vorzugehen gedenkt. Natürlich ist das für ein Plakat etwas viel verlangt. Aber eine dezente Bildunterzeile müsste doch unterzubringen sein. Woran leidet das magere Kind mit den traurigen Augen? Unter Dürre, Seuchen, Bürgerkrieg? Oder unter einer Diktatur, die Hunger als Mittel gegen unliebsame Volksgruppen einsetzt? Jede dieser Ursachen erfordert eine völlig andere Antwort.

Doch differenzierte Botschaften sind nicht die Sache der Spendenwerbung. Deshalb schwingt bei der plakativen Skandalisierung der Armut immer ein zweites Motiv mit: Irgendwie hat alles damit zu tun, dass es uns so gut geht. Du kaufst Sekt und die hungern. Brot statt Böller! Eine simple ökonomische Wahrheit wird dabei ausgeblendet: Konsumverzicht in Europa würde keinem einzigen Armen helfen. Im Gegenteil: Gerade bei der alljährlichen Brot-statt-Böller-Kampagne werden die Tatsachen auf den Kopf gestellt. Denn das Silvesterfeuerwerk wird größtenteils in Entwicklungs- und Schwellenländern hergestellt.

Wenn der Trend im Wohltätigkeitsgeschäft anhält und der Konkurrenzkampf um die milden Gaben das Niveau weiter senkt, dann muss man sich um die Zukunft der Hilfsbereitschaft Sorgen machen. Schon heute sind der Zynismus und die Inhaltsleere mancher Aufrufe augenfällig. Schon heute gibt es Berichte aus Afrika und anderswo, von Spendenorganisationen, die mehr an sich als an die Notleidenden denken. Die dramatisieren und manipulieren und entwickeln mehr Interesse am Bestehen des Elends statt an seiner Abschaffung.

Trotz Wirtschaftkrise wollen viele Bürger nach wie vor den Armen in den Entwicklungsländern helfen. Noch haben die professionellen Helfer Kredit. Um der guten Sache willen sollte man ihnen ihre geschmacklose Werbekampagne nicht allzu übel nehmen und dennoch spenden. Noch besser wäre es, wenn mündige Spender öfter mal fragen würden, was genau mit ihrem Geld geschieht.

Cui Bono?

Die Welt erlebte in den vergangenen Jahren immer wieder große Afrika-Spektakel, die vom politischen Spitzenpersonal der reichsten Industrienationen und einer Schar Popikonen wie Bono aufgeführt werden. Höhepunkte der Kampagne waren Treffen der G-8-Staaten und die »Live8«-Konzerte von Bob Geldof, der damit an seine 20 Jahre alte »band aid«-Aktion anknüpfte. »Können Afrikas hungernde Kinder noch einmal unsere ergrauten Rockstars retten?«, fragte eine britische Sonntagszeitung.

Sei's drum. Wichtiger ist die Frage, ob die Pop-und-Politik-Aufführung dem guten Ziel dient. Ist den Menschen in Afrika wirklich mit einer Verdoppelung der Entwicklungshilfe und einem kompletten Schuldenerlass gedient, wie vielfach gefordert? Wir haben da so unsere Zweifel. Es scheint, als wolle man sozialpolitische Konzepte, mit denen etliche Industrienationen gescheitert sind, international munter weiterpraktizieren. Eine ganze Reihe afrikanischer

Länder bezieht bereits über die Hälfte ihres Staatshaushaltes aus Hilfsgeldern und gibt die andere Hälfte umso schamloser für Militär und Prestigeprojekte aus. Sollen es demnächst 100 Prozent sein? So perpetuiert man nur Kulturen der Abhängigkeit.

Der schwedische Ökonom Fredrik Erixon hat eine vielsagende Studie zur Wirkungsweise von Entwicklungshilfe in Afrika vorgelegt. (»Aid and development. Will it work this time?«) Demnach erhielt Afrika seit 1970 rund 400 Milliarden Dollar an Entwicklungshilfe, was für die Mehrzahl der Staaten verheerende Folgen hatte: Wenn die Hilfsgelder anstiegen, sank das Wirtschaftswachstum. Oft ist Entwicklungshilfe ein regelrechtes Armutsbeschaffungsprogramm, weil sie korrupte und undemokratische Regime stabilisiert, private Investitionen verhindert und die Mitsprache der Menschen geschwächt hat. Sein Fazit: »Wenn die G-8-Staaten sich zu einer Erhöhung der Hilfe verpflichten, könnten die Konsequenzen für die meisten Afrikaner katastrophal sein.« Rühmliche Ausnahmen bilden laut Erixon Länder wie Botsuana, in denen Rechtssicherheit und demokratische Institutionen die Voraussetzungen für einen wirtschaftlichen Aufschwung schufen. Ergebnis: Ein Pro-Kopf-Einkommen von 8000 Dollar, das ist achtmal so viel wie im afrikanischen Durchschnitt. Hilfe müsse deshalb an Voraussetzungen wie Eigentumsrechte, ein funktionierendes Gerichtswesen, die Effizienz von Regierungen und einen offenen Markt geknüpft sein.

Die USA haben genau mit dieser Zielsetzung einen milliardenschweren »Millenium Challenge Account« geschaffen. Schlechte Regierungen, die die Not ihrer eigenen Bevölkerung benutzen, um Hilfsgelder für ihre Schweizer Konten zu generieren, sollen nicht länger belohnt werden. Auch Emissäre der deutschen Entwicklungshilfe suchen händeringend nach sinnvollen Projekten, die man fördern könnte. Es mangelt weniger am Geld als vielmehr an Möglichkeiten, es so zu investieren, dass es tatsächlich Gutes für viele bewirkt.

Bob Geldof und »Life8« wollen »Armut zur Geschichte machen«. Wer wollte das nicht. Nachdem Entwicklungshilfe der vergangenen Jahrzehnte die Armut in den meisten afrikanischen Empfängerländern offensichtlich kaum verminderte, scheint uns die Forderung nach einer Verdoppelung der Mittel aber nicht sehr zielführend. Selbstverständlich muss es auch weiterhin akute Nothilfe geben, ansonsten neigen wir zur Meinung des britischen »Economist«: »Manchmal kann es genauso wichtig sein, Geld zurückzuhalten, wie es zu gewähren.«

Wenn der Hund brennt

Die Diskurse über das Elend der Entwicklungsländer werden gerne auf erhöhten Podien und im gepflegten Ambiente nobler Stiftungen oder Akademien geführt. Dagegen wäre nichts einzuwenden, wenn die vorgetragenen Argumente nicht ähnlich weit von der Lebenswirklichkeit dieser Länder entfernt wären wie die komfortablen Räumlichkeiten. Bedauerlicherweise ist dies häufig der Fall. Moraltheologen, Philosophen und Soziologen sind die Platzhirsche im akademischen Dritte-Welt-Revier. Hinzu kommen am Podium fest angeschraubte Staraktivisten, die zwar wissen, wie man Lufthansameilen, nicht aber wie man Brennholz sammelt. Egal ob Aids oder Hunger, Gentechnik oder Umweltschutz, es geht meist um die Moral.

Viel zu selten verirrt sich ein Praktiker, der schon mal ein abgelegenes Dorf in Tansania oder Thailand betreten hat, in eine solche Veranstaltung. Und wenn doch, dann greift er sich in stiller Verzweiflung an den Kopf, hält aber als bescheidener Mensch meist den Mund. Sagt so einer doch mal etwas, so ist es meist erhellend und vergnüglich. Unlängst stellte sich ein Sitznachbar als Angehöriger des Instituts für Agrartechnik in den Tropen und Subtropen an der Universität Hohenheim vor. Als wir mittags gemeinsam am dampfenden Buffet anstanden, kam rasch die Rede auf die von Ökoaktivisten vielfach gelobten Solarkocher. Wir haben bei unseren Reisen ein solches Gerät noch nie in einem richtigen Dorf gesehen, sondern immer nur in besenreinen Pilotprojekten. Unsere Frage an den weit gereisten Entwicklungsexperten: Wie kommt das eigentlich? Seine Antwort: »Man kann nicht damit kochen.«

Er nannte drei Gründe. Erstens: In vielen heißen Ländern bereiten die Menschen ihre Mahlzeiten vor Sonnenaufgang oder nach Sonnenuntergang zu (Hoppala!). Zweitens: Mittägliches Kochen ist theoretisch möglich, praktisch wird bei jeder vorbeiziehenden Wolke die Suppe kalt. Drittens: Die Köchin muss höllisch aufpassen, dass der Lichtstrahl aus dem Parabolspiegel genau auf die Kochplatte trifft. Sonst passiert es schon mal, dass der 400 Grad heiße Strahl Unschuldige entzündet: »Plötzlich brennt der Hund.« Überdies fällt beim ständigen Hantieren öfter mal der Topf samt Inhalt runter. Deshalb ist das Solarzeitalter vorbei, sobald der Besuch aus dem Entwicklungsministerium sich umgedreht hat.

Wohlstandsbürger, für die der Strom stets aus der Steckdose kommt, fragen an dieser Stelle: Ist die Kochgelegenheit von Menschen wirklich ein Problem? Lassen wir Zahlen sprechen: 1,8 Milliarden Menschen garen ihre Mahlzeiten auf offenen Feuerstellen. Deshalb werden Bäume gefällt, was das Zeug hält, mit allen negativen ökologischen Folgen. Das Brennmaterial für eine Mahlzeit kostet in manchen Ländern bereits mehr als der Inhalt des Topfes. Aus der Not werden oft auch Tierdung oder Ernterückstände als Brennstoff genutzt. Wird in einer Hütte gekocht, ist der Qualm atemberaubend. Frauen und Kinder atmen Tag für Tag Substanzen ein, die 200 bis 400 filterlosen Zigaretten pro Tag entsprechen. Millionen von Säuglingen sterben an Atemwegserkrankungen.

Unsere Dritte-Welt-Ideologen mögen Ablenkung durch solche Details überhaupt nicht und gehen lieber zum Grundsätzlichen über: Die Kolonialschuld! Der räuberische westliche Lebensstil! Die Globalisierung! Die Experten der Universität Hohenheim kamen allerdings zu dem Schluss, dass man mit dem Grundsätzlichen nicht kochen kann. Sie sannen deshalb ganz praktisch auf Abhilfe. Und die funktioniert so: In vielen armen Ländern gedeihen Ölpflanzen prächtig. Ihr Öl ist fast überall billig erhältlich oder kann sogar selbst angebaut werden. Herkömmliche Kocher verweigern mit dem Öl jedoch den Dienst (wegen dessen besonderen Eigenschaften). Deshalb haben die Praktiker einen weltweit einmaligen Brennkopf erfunden. Er verbrennt Pflanzenöl sparsam und sauber, verträgt aber auch andere Brennstoffe wie Petroleum oder Abfallöl von McDonalds. Für eine afrikanische oder asiatische Familie könnte das billige Gerät zur nützlichsten Wärmequelle werden, seit Prometheus das Feuer brachte. Vielleicht sollten wir solchen praktischen Details ein wenig mehr Aufmerksamkeit schenken, anstatt auf Podien heiße Luft zu produzieren.

Kapitel 3

Wild und Geflügel

Hunde der Nation

Deutschland ist nicht mehr was es war. Irgendwann zwischen Waldsterben und Schröders Goslaer Friedenserklärung haben sich die Deutschen neu erfunden. Wir sind Papst, warten entspannt patriotisch im Arbeitsamt, haben die Bundeswehr zum Technischen Hilfswerk umfunktioniert und retten die Welt mit Windrädern und gelben Tonnen.

Das neue Deutschland zeigt sich in kleinen Alltagsritualen, vom Kindergeburtstag bis zum Gemeindeflohmarkt und ebenso in Massenveranstaltungen wie Fußball- oder Papstpartys. Es präsentiert sich aber auch in modischen Accessoires, die oftmals Botschaften transportieren – keine konkreten, aber gefühlte (um ein neudeutsches Wort zu benutzen). Eines davon sind die Hunde. Da hat eine klare Typveränderung stattgefunden, an der man den Wertewandel ziemlich genau ablesen kann.

Der deutsche Schäferhund, einst (neben dem Dackel) der Hund der Nation, ist klar auf dem absteigenden Ast. Außer als Polizeihund sieht man ihn in Großstädten kaum noch. Auch die Blinden lassen sich nur noch selten von einem Schäferhund führen. Wer einen besitzt, steht unter Rechtfertigungsdruck: Ist er Neonazi oder Hausmeister, möchte er einen Komplex kompensieren? Verdächtig.

Zieht man Hunderassenbücher zurate, wird schnell klar, warum der Schäferhund nicht mehr in unsere Zeit passt. Dort tauchen als Charakterisierung immer wieder Worte wie »robust« und »belastbar« auf, kein einziges Mal jedoch

»sensibel«. Damit fehlt ihm eine wichtige Eigenschaft, die heute zum guten Ton gehört. Auch »Arbeitsbereitschaft« wird dem Tier attestiert, ein Attribut, das irgendwie angestaubt klingt. Und stets betonen die Beschreibungen die »Treue« dieses Hundes. Er sei »ein Partner fürs Leben«, was ihn in der Welt der »Lebensabschnittsgefährten« eher zum Außenseiter stempelt. Völlig daneben ist auch der Hinweis, Schäferhunde müssten mit »Konsequenz« erzogen werden. Wer kriegt das heute noch bei seinen Kindern hin, geschweige denn beim Hund? Wir haben es also mit einer Rasse zu tun, die zu den fleißigen, leistungsorientierten und biederen Deutschen der Nachkriegszeit passte. Von der Zeit davor ganz zu schweigen, als die Schäferhündin »Blondie« die »First Bitch« des Großdeutschen Reiches war.

Welcher Hund passt also in unsere Zeit? Da muss man nur mal den Blick über Bürgersteige, Grünstreifen und Parkanlagen schweifen lassen. Kein Zweifel: Der neue Deutsche liebt den Golden Retriever, eine Rasse, die ursprünglich zum Apportieren toter Enten gezüchtet wurde, aber schon lange als typischer Familienhund firmiert. In den Beschreibungen sticht sofort ins Auge, dass der Golden Retriever ein Kontrastprogramm zur disziplinierten Leistungsmaschine Schäferhund ist. Er habe ein »sanftes Wesen«, dem jegliche Form von »Aggressivität und Kampftrieb« fehle. Ein Verein, der zum Wohle dieser Rasse gegründet wurde, empfiehlt bei der Erziehung der Welpen, nicht zu verbissen vorzugehen. »Welpenkurse« seien deshalb nicht »mit einem Prüfungszwang verbunden«. Zwar würden die Hunde auf manchen Übungsplätzen »jagdbezogen ausgebildet, allerdings ohne unmittelbaren Bezug zur lebenden oder realen Welt«. So hat moderne Pädagogik auch in Hundeschulen ihren Platz gefunden. Der deutsche Fundamentalpazifismus wird vom Golden Retriever vollendet repräsentiert, denn die Experten bescheinigen ihm, »niemals aggressiv« zu sein, auch sei »sein Schutztrieb im Vergleich zu anderen Hunderassen – wenn überhaupt – nur rudimentär entwickelt«. Welcher Hund könnte besser in die Zeit passen? Zu seinen Wesensmerkmalen, so das Rasseporträt im Internet, gehöre das »Gefallenwollen«. Das hat er mit den neuen Deutschen gemein.

Allerdings entdeckten wir im Retriever-Schrifttum einen Satz, der uns dann doch etwas skeptisch werden lies: »Der Golden Retriever besticht durch sein starkes Bedürfnis, dem Führer Freude zu bereiten.« Das hätten wir doch eher dem Schäferhund zugetraut.

Kauft Tropenholz, esst Antilope!

Die Natur, so heißt es im Biotop der populären Vorstellungen, muss unbedingt vor ökonomischen Interessen geschützt werden. Der unerhörte Gedanke, dass wirtschaftliches Eigeninteresse die Natur sogar retten könne, muss hingegen erst neu angesiedelt werden. Erfreulicherweise geschieht dies immer häufiger. Brasilien und andere Tropenwaldländer unterstützen Konzepte zur nachhaltigen Forstwirtschaft und im südlichen Afrika versucht man das Fleisch von Kudus, Gnus und anderen Antilopen besser zu vermarkten. Bevor der geschätzte Leser uns nun als Zyniker vom Dienst ablegt: Forstwirtschaft im Tropenwald und die Nutzung von Wildtieren können den Naturschutz tatsächlich ökonomisch absichern. Denn tropische Wälder und Wildtierbestände leiden unter Raubbau und Wilderei, weil sie vielerorts Allgemeingut sind. Ökonomen nennen das »Allmende-Dilemma«.

Früher gab es in vielen Dörfern Allmenden, Gemeinschaftsweiden, die allen und keinem gehörten. Alle Bauern des Dorfes durften ihr Vieh dort grasen lassen. Doch Rinder,

Schafe und Ziegen konnten oftmals kaum ein Hälmchen finden, weil jeder möglichst viele Tiere dorthin trieb, aus Angst, ansonsten zu wenig vom Gemeinschaftsgut abzukriegen. Diese psychologische Falle ging als »Allmende-Dilemma« in die ökonomische Fachliteratur ein (und lässt sich übrigens auch bei der Abweidung unserer Sozialsysteme beobachten). Es ist die Ursache für die Überfischung der Weltmeere ebenso wie die Plünderung von Wildtierbeständen und Wäldern in Entwicklungsländern.

Zwar gehören die Wälder zumeist den Staaten, aber Forstministerien in Kinshasa oder Kuala Lumpur sind aus der Tiefe des Dschungels betrachtet weit weg. Deshalb werden Wälder rund um den Äquator nach wie vor abgebrannt. Holzwirtschaft spielt dabei eine geringere Rolle als viele glauben. Es geht vielmehr um Landgewinnung für Ackerbau, Viehzucht und Plantagen. Die Regenwälder Südostasiens schwinden für Ölpalmen (Biodiesel, Margarine, Waschmittel, Kosmetik) und Kautschukbäume (Latex). In Südamerika wird für Sojafelder gerodet (Viehfutter). Solche Rohstoffe sind wesentlich lukrativer als Holz. »Der wichtigste Grund für den Verlust an Biodiversität und Arten«, schrieb der Umweltökonom Mike Northon-Griffiths, »liegt in der Ökonomie der Landnutzung. Ungenutzte Flächen können mit genutzten nicht konkurrieren.«

Seit im südlichen Afrika Wildtiere bewirtschaftet werden, nahmen die Bestände erfreulich zu. Brasilien nutzt diesen Effekt seit einiger Zeit für den Schutz der Amazonaswälder. Illegaler Holzeinschlag und Brandrodung sollen gestoppt und eine nachhaltige Forstwirtschaft gesichert werden. Wenn der zur Leerformel inflationierte Begriff »Nachhaltigkeit« irgendwo sinnvoll ist, dann in der Forstwirtschaft. Dort kommt er her und ist sehr konkret: Pflanze zwei Bäume, wenn du einen fällst.

Wie gut dies funktionieren kann, beobachtete Miersch bereits in den neunziger Jahren in der Nähe der Amazonas-Stadt Manaus. Dort bewirtschaftet eine Schweizer Holding Hunderttausende Hektar Tropenwald auf schonende Weise. Die Natur erhält genug Zeit, sich zu erholen. Die genutzten Flächen unterscheiden sich in Aussehen und Artenvielfalt kaum von den benachbarten Schutzgebieten.

Privatisierung ist kein Patentrezept. In Indonesien plündern Privatfirmen die Wälder rücksichtslos. Dies, weil die Behörden weggucken und die Nutzungsrechte teilweise nur für kurze Zeit erteilt werden. Dann lohnt es für Holzfäller nicht, sich um die Regeneration des Waldes zu kümmern. Brasilien will diese Fehler vermeiden. Ein aussichtsreicher Ansatz im Tropenwaldschutz, der uns ebenso erfreut wie Kudugulasch und Gnuschinken.

Das Klimamaskottchen

Der Eisbär prägt die gegenwärtige Medienlandschaft wie kein zweites Lebewesen. Praktisch keine Zeitung kommt ohne ein Foto des weißen Zottels aus. Mit einem Pfotenstreich hat er Politiker und Schauspielerinnen von den Titeln gewischt. Spitzenreiter war das Motiv »trauriger Eisbär auf Scholle«, gefolgt von »Eisbär steht das Wasser bis zum Hals«.

Völlig zu Recht ist der Ursus maritimus zum Wappentier der Klimawarner aufgestiegen. Schon Tiervater Alfred E. Brehm schrieb, dass ihm »Feuer und Rauch ein Gräuel« seien. An anderer Stelle in seinem »Tierleben« berichtet er, wie ein Eisbär die amerikanische Flagge fraß (Kyoto!).

All die Meldungen über nasse Tatzen im Schmelzwasser steigerten unser Staunen über die arktischen Naturwunder.

Mal wird der Eisbär aus Angst vor der globalen Erwärmung in den Kannibalismus getrieben, mal in den Selbstmord. Besonders beunruhigend war freilich folgende Schlagzeile: »Verzweifelte Eisbären paaren sich aus Panik mit Braunbären.« Kein Wunder, dass die Nachfrage nach Eisbären-Fotos noch schneller steigt als der Meeresspiegel. Erste Paparazzi erwägen, von Paris Hilton auf die prominenten Polarpetze umzuschulen.

Um den Gefährdungsgrad der weißen Riesen wirklich ermessen zu können, empfiehlt sich der Vergleich mit anderen Bärenpopulationen. Der bayerische Braunbärenbestand beispielsweise betrug im Jahr 2006 für einige Tage exakt ein Exemplar (Spezies: Ursus bruno). Kurz darauf lag die Gesamtzahl bei null. Ein Zusammenhang mit der globalen Erwärmung kann nicht ausgeschlossen werden, schließlich handelte es sich um einen besonders heißen Sommer, in dem Bruno zum Abschuss freigegeben wurde. In jedem Fall haben wir es mit einem Abwärtstrend von 100 Prozent zu tun, warum der bayerische Braunbärenbestand als extrem volatil gilt. Der Bestand der Polarbären lag nach dem Zweiten Weltkrieg bei etwa 5000 Exemplaren. Heute leben etwa 20 000 Eisbären in den arktischen Regionen. Wenn der Eisbär weiterhin in diesem Tempo ausstirbt, dann ist 2050 mit circa 80 000 Tieren zu rechnen. Es sind also immer mehr Eisbären gefährdet, die Situation verschärft sich dramatisch.

Sollte ein Eisbär dann bis nach Süddeutschland wandern, bestünde weniger Gefahr, mit Landwirten in Konflikt zu geraten als im Falle Bruno. Denn, so erläutert Brehm: »An die Haustiere wagt er sich nur selten. Man hat mehr als einmal bemerkt, dass er zwischen weidenden Kühen durchgegangen ist.« Und auch die Bevölkerung muss sich nicht ängstigen: »Den Menschen greift er ungereizt nur bei dem größten Hunger an und geht ihm gewöhnlich aus dem Wege.«

Natürliche Feinde hat der Eisbär eigentlich nicht, wenn man mal vom Eskimo absieht. Beide Minderheiten gehören nicht zu den Vegetariern und sind nicht Mitglied bei PETA. Es hat sich eine gewisse Konkurrenzsituation entwickelt, denn beide lieben zarte Jungrobben. Und wie die Eskimos beharren die Eisbären auf ihrer kulturellen Identität. Ab und zu wollen sie auch mal in der Stadt einen draufmachen, etwa im kanadischen Churchill. Dort kommt es mitunter zu Missverständnissen, weil sie einen Bewohner mit einer Robbe verwechseln. Außerdem ignorieren sie die Verkehrsregeln, weshalb man so eine Art Bären-Guantanamo errichtet hat. Von dort werden sie dann mit einem Hubschrauber in eine Gegend ohne Parkuhren ausgeflogen. Die Arktis wimmelt gewissermaßen von entlassenen Straftätern mit Flugerfahrung, die dringend unsere Hilfe benötigen.

Der Eisbär ist nicht nur ein besonders großes, sondern auch ein besonders geheimnisvolles Tier, weil seine Herkunft durch die neusten Forschungsergebnisse immer unklarer wird. Wie konnte er bloß die mittelalterliche Warmzeit überleben, als das Nordmeer zu einem guten Teil eisfrei war und die Wikinger auf Grönland Ackerbau betrieben? Sind die Eisbären möglicherweise erst nach 1450 vom Himmel gefallen? Woher kommen sie? Wohin gehen sie? Fragen über Fragen.

Der barmherzige Killerwal

Steigen wir mal mit Goethe ein: »Wenn eine Seite nun besonders hervortritt, sich der Menge bemächtigt und in dem Grade triumphiert, dass die entgegengesetzte sich in die Enge zurückziehen und für den Augenblick im Stillen verbergen muss, so nennt man jenes Übergewicht den Zeitgeist, der dann auch eine Zeit lang sein Wesen treibt.« Ob

Aufklärung, Romantik oder Totalitarismus: Die übergreifende Idee einer Epoche erkennt man meistens erst hinterher. Denn zumeist wird sie vom politischen Streit übertönt. Erst in der Rückschau wird klar, dass es eine Grundmelodie gab und die Parteien sich nur über die richtige Interpretation dieser Melodie stritten.

Die Grundmelodie der eigenen Zeit ist schwer herauszuhören. Dennoch wollen wir mal eine Vermutung äußern. Die Vorstellung, dass die Natur sanft sei, gehört wahrscheinlich zur geistigen Grundausstattung der Gegenwart. Als Miersch mal eine Filmreihe über die Geschichte des Naturfilms drehte, war im Archivmaterial ab Mitte der fünfziger Jahre ein deutlicher Bruch sichtbar. Vorher waren die wilden Tiere bedrohlich. Im Naturfilm der zwanziger bis vierziger Jahre wird munter geschossen und harpuniert – egal ob deutsche, französische oder amerikanische Produktionen. Tiere wie Nashörner oder Krokodile erscheinen als scheußliche Bestien. Später dann war die Natur nicht mehr bedrohlich, sondern bedroht. Das blieb bis heute die Norm: Tiere haben gut zu sein, und wenn sie mal böse werden, ist der Mensch schuld.

Ein schönes Beispiel für diesen Zeitgeist begegnete uns auf der Titelseite einer Kölner Boulevardzeitung: »Killerwal rettete Claudias Leben«. Neugierig geworden lasen wir den zugehörigen Bericht. Ort der Handlung war ein Delfinarium auf Teneriffa. Protagonisten: Eine deutsche Tiertrainerin und ihr Schützling Tekoa, ein Schwertwal (in journalistischen Erzeugnissen gern nach der englischen Bezeichnung »Killerwal« genannt). In den Worten der Zeitung hatte sich Folgendes abgespielt: »Plötzlich rammte Tekoa der Trainerin sein gewaltiges Haupt vor die Brust – offenbar versehentlich … Der Wal … zog die um Luft ringende Frau bis zum zwölf Meter tiefen Beckengrund … Dann stupste er die blutende Trainerin zum Beckenrand.« »Killerwal zog Claudia aus der Tiefe. Tekoa rettete ihr Leben«, lauteten die Überschriften im Innenteil.

Die Frau, so stand es im Artikel, war bewusstlos, hatte Fleischwunden, Prellungen, einen gebrochenen Ellenbogen und musste operiert werden. Wie hätte in unserer Kindheit eine Boulevardzeitung wohl über diesen Vorfall berichtet? Vermutlich so: »Killerwal attackiert schöne Trainerin. 29-jährige Deutsche kam nur knapp mit dem Leben davon, als ein Neun-Tonnen-Walbulle sie rammte und in die Tiefe zog...« Das spätere Anlandbringen wäre damit erklärt worden, dass man dem Tier das Apportieren beigebracht hatte.

Wir wissen nicht, was im Kopf von Walen vorgeht, wir können nur im Zoologiebuch nachlesen. Dort steht, dass Schwertwale Raubtiere sind, die in freier Natur Robben und andere Wale töten und fressen. Tekoa hat seine Trainerin beinahe umgebracht und dann an den Beckenrand geschubst, was ihr Leben rettete. Ob das eine abgebrochene Attacke war oder eine Rettung nach einem Unfall, weiß niemand – außer dem Zeitgeist.

Lasst die Bären los!

170 Jahre vergingen, bis im Jahr 2006 wieder ein wilder Braunbär deutschen Boden betrat. 37 Tage vergingen, bis er tot war.

In unserer Kindheit lag die Vorstellung, wilde Bären würden zurückkehren und Nachbars Hühnerstall leeren, unendlich fern. Ungefähr so als würden wieder Ritter durch die Lande reiten. Die Zukunft, das schien ausgemacht, besteht aus Plastik und Beton. Kein Platz für Tiere. Aber von wegen. In den vergangenen Jahrzehnten erleben wir eine wunderbaren Renaissance der wilden Natur. Wanderfalke,

Uhu, Seeadler, Kranich, Schwarzstorch, Biber, Seehund, Steinbock und viele andere Arten sind heute weitaus häufiger als in unserer Schulzeit, teilweise sogar häufiger als vor 200 Jahren. Den ersten Kormoran sahen wir im Zoo. Heute sind diese Vögel in manchen Regionen eine Plage.

Sogar Raubtiere (politisch korrekt: Beutegreifer) wie Luchs und Wolf kehrten in germanische Gefilde zurück. Zu Beginn des 21. Jahrhunderts gedeiht mehr Wildnis in Mitteleuropa als am Anfang des vorigen. Warum sollten wir uns zur Krönung nicht ein paar Braunbären gönnen? »Die Anwesenheit eines Bären«, schrieb der amerikanische Wildbiologe Aldo Leopold, »verändert den Geschmack einer Landschaft.« Respekt hat immer ein wenig mit Angst zu tun, das gilt auch für den Respekt vor der Natur.

Und nicht nur der Geschmack der Landschaft ändert sich: Die Anwesenheit eines einzigen Bären kann sogar für mehrere Tage Fußballern, Soap-Promis und Skandal-Rappern die Show stehlen. Allein das ist schon erholsam. In München spaltete sich damals die Boulevardpresse, in Ursuphile (»Lasst ihn leben!«, »Todesurteil für den Bären illegal!«) und gemäßigt Ursuphobe (»Bär macht alle balla-balla!«).

Wir freuten uns über den zotteligen Migranten und forderten eingedenk unseres Lieblingsromans von John Irving: »Lasst die Bären los!« Okay, es wäre medienpsychologisch besser gewesen, wenn statt eines Rabauken eine besonnene Bärin mit zwei niedlichen Welpen (am besten namens Knut und Flocke) aus Österreich eingewandert wäre. Doch wie beim Menschen sind junge Männchen wanderlustiger und das geht mit einer gewissen Verwegenheit einher, die gelegentlich auch vor Hühnerställen nicht haltmacht. Womit wir zur dritten Lektion kommen, die uns der Bär lehrte: Aus Deutschland tönen stets vollmundige moralische Botschaften, wie mit Robben vor Kanada oder Elefanten in Afrika umzugehen sei. Doch wenn in den Alpen ein einziger Bär ein paar Schafe frisst, erteilt sogleich ein Minister Abschussbefehl.

Das Argument, der Bär richte wirtschaftlichen Schaden an, überzeugt nicht. Wenn jeder erschossen würde, der hierzulande wirtschaftlichen Schaden anrichtet, wäre das gesamte bayerische Kabinett nicht mehr sicher. Aber selbst wenn man solch rigorose Maßnahmen auf Tiere beschränkt, ist die Entscheidung schlecht begründet. Die Statistik weist Hunde, Pferde und Bienen als die mit Abstand gefährlichsten Kreaturen aus. Sie verursachen weitaus mehr tödliche Unfälle als alle Wildtiere.

Und was das Ökonomische angeht: Bergbauerntum ist ohnehin ein Zuschussgeschäft. Auch anderswo in Europa haben die Landwirte gelernt, Wildtiere als Subventionsquelle zu nutzen. Die Erfahrung zeigt, dass der Appetit von Bären und Wölfen auf wundersame Weise ansteigt, wenn Schadensersatz für gerissene Haustiere lockt.

Dass Bären in der Nähe menschlicher Siedlungen nicht tolerierbar sind, widerlegen die Erfahrungen in Italien, Rumänien, USA und anderen Ländern, in denen die Tiere am Rand von Ortschaften wohnen. Sie plündern gelegentlich eine Mülltonne und ernähren sich ansonsten im Wald. Zu sehen sind sie fast nie. Falls doch mal einer sich zeigt, rät der Wildbiologe Wolfgang Schröder: »Freuen Sie sich erst einmal fürchterlich. Nur wenigen Menschen wird dieses Glück zuteil.«

Angst vor Vögeln

Wie sie so von der Seite gucken und aufdringlich watschelnd Futter einfordern. Auf einmal sehen Enten bedrohlich aus. Von Tauben ganz zu schweigen. Die Apokalypse gurrt, schnattert und gackert. Völlig unabhängig davon, ob eine ernsthafte Gefahr bestand, änderte sich durch die Angst vor »Vogelgrippe« der Blick auf die Gefiederten. Plötzlich gab es wieder gefährliche Tiere. Zuvor war das noch ganz anders. Wenn man nicht gerade Schäfer war, hatten Wolf, Luchs und Bär ihren Schrecken verloren. Füchse im Vorgarten? Süüüüß! In meinem Trockenrasenbiotop lebt eine Kreuzotter. Respekt!

Bedrohliche Natur, das gab es höchstens noch in Form von Stürmen, Überschwemmungen, Erdbeben. Aber auch die sind eigentlich nicht der Natur anzukreiden. Denn wie wir alle wissen, stecken fast immer die Amerikaner dahinter oder der westliche Lebensstil. Aber Tiere? Seit einem halben Jahrhundert sind Tiere grundsätzlich nicht mehr bedrohlich, sondern bedroht. Könnte das H5N1-Virus nicht in einem CIA-Labor entstanden sein? So was ist doch nicht natürlich. Am besten mal bei Google nachschauen. Dass die armen Hühner in den Stall sollen, da steckt doch die Bauernlobby dahinter ...

Dummerweise kann aber kein Mensch verantwortlich gemacht werden. Die Vogelgrippe ist ein Produkt der Natur. Und ihre Überträger ebenso. Sie befällt nicht nur das Käfighuhn, sondern auch die Nachtigall. Gäbe es keine Menschen, es gäbe dennoch Vogelgrippe.

Solche Erkenntnis kann Weltbilder erschüttern. Aber auch Weltbilder werden alt und durch nachwachsende Weltbilder abgelöst. Wir haben uns mal unsere alten Kinderbücher angesehen. Die waren ziemlich politisch unkorrekt und »öko« schon gar nicht. Der Leopard: heimtückisch. Die Hyäne: feige. Der Wal: ein tumber Gigant, aus dem man Lebertran macht. Womöglich wollte unsere Generation die Wale retten, weil wir alle mit Lebertran gequält worden sind. Rettet die Wale, und gebt den Kindern endlich süßen

Multivitaminbrei! Der Unterwasserfilmer Hans Hass, der später ein großer Naturschützer wurde, verflucht in seinen frühen Filmen die Hässlichkeit und Bosheit mancher Fische. Fast alle Gründer des WWF waren begeisterte Großwildjäger.

Der milde und besorgte Blick auf die Tierwelt ist noch ganz frisch, ein Zeichen zivilisatorischen Fortschritts. Erst war uns das Tier Dämon, dann Gefahr für Leben und Vorräte, später Ressource und heute Adressat liebevoller Zuwendung. Der Aufstieg der Menschheit verläuft vom keulenschwingenden Höhlenmenschen zum Krötenretter. Ohne wachsenden Wohlstand hätte es diesen Fortschritt nicht gegeben. Hungernde retten keine Kröten. Durch die Vogelgrippe sind wir daran erinnert worden, dass Tiere auch unheimlich sein können – und lebensgefährlich. Werden wir nach den Jahrzehnten des Ökogesäusels wieder realistischer?

Es gibt erste Hinweise darauf, dass dies so sein könnte. Zum Beispiel Werner Herzogs Film »Grizzly Man«, der das Leben des »Bärenverstehers« Timothy Treadwell schildert. Er wurde im Jahr 2003 von einem Bären getötet und verspeist. Treadwell glaubte an das Gute im Bären. Doch den Bären war das schnurz. Sie wussten schlicht und einfach nicht, dass einer an was glauben kann. Sie dachten, ein Mensch ist ein Mensch ist ein Mensch – meistens uninteressant, manchmal gefährlich, aber notfalls immer auch schmackhaft. Herzogs Film thematisiert die Heiligung der Tiere durch Menschen wie Treadwell, der nur auf die Spitze trieb, was in Europa und Nordamerika längst Volksmeinung ist. Diesen Konsens repräsentieren Luc Jacquets Erfolgsfilme »Die Reise der Pinguine« und »Der Fuchs und das Mädchen«. Die Natur als moralische Anstalt, so haben wir es verinnerlicht, seit uns Bernhard Grzimek in »Serengeti darf nicht sterben« erzählte, dass Löwen sich im Gegensatz zu

Menschen nicht gegenseitig umbringen. Er konnte es nicht besser wissen, denn damals hatte noch kein Forscher beobachtet, wie ein neuer Rudelpascha die Jungen seines Vorgängers auffrisst. Natürlich sind auch Jacquets Pinguine Engel und keine Tiere. Zoologen ist durchaus bekannt, dass es im Sexualleben der Pinguine auch nicht manierlicher zugeht als bei VW-Managern.

Natur ist kein moralischer Maßstab. Die Idealisierung der Tierwelt durch Veganer ist zwar harmloser, aber genauso falsch wie einst die Verklärung ihrer Rücksichtslosigkeit durch die Sozialdarwinisten. Wie sagte der britische Biologe Richard Dawkins so schön: »Wenn wir die Zukunft des Planeten sichern wollen, müssen wir zuallererst aufhören, uns Rat in der Natur zu holen.«

Waschbären raus!

Sonntag gab's im Hause Miersch Lammbraten. Also Fleisch von einem Tier, das vor acht- bis zehntausend Jahren entweder in Südosteuropa oder in Südasien domestiziert wurde. Dazu Kartoffeln (kamen einst aus Amerika) und Bohnen (vermutlich aus Ägypten oder Vorderasien). Nichts, was auf den Tellern lag, stammte ursprünglich aus den Wäldern Germaniens. Ein Tischvortrag über das Thema »wir sind eine Welt« wurde von den Kindern höflich ertragen. Zum Glück kam der Nachtisch (Pfirsiche, ein in China kultiviertes Obst) und Papa vergaß weiterzudozieren.

Die Natur wird schon viel länger globalisiert als viele glauben. Und das macht die Sache ziemlich kompliziert. Heute sind die Ahnen unseres Lamms (Mufflons genannt) auch in Deutschland verbreitet. Doch die Wildschafe wurden erst Anfang des 20. Jahrhunderts auf Initiative eines

Hamburger Kaufmanns eingebürgert. Authentische Mufflons finden sich angeblich noch auf Korsika und Sardinien. Die dortigen Biologen korrigieren das freilich: Vermutlich sind die Tiere ebenfalls in grauer Vorzeit von Menschen dorthin verfrachtet worden. Die eigentliche Inselfauna war gemäß Knochenfunden bereits in der Steinzeit ausgerottet.

Nun ist seit einigen Jahren die große Angst vor der Überfremdung der Natur ausgebrochen. Heftig wird im organisierten Naturschutz und der interessierten Öffentlichkeit über »eingeschleppte Arten« gestritten. Schreckensbilder über »Alien-Attacken« (Geo) geistern durch die Presse und beschäftigen Kongresse: Deutschland überwuchert vom Riesenbärenklau aus dem Kaukasus! Gefahr durch Indisches Springkraut und Japan-Knöterich! Während Chinesische Wollhandkrabben unsere Flussufer unterwühlen, machen amerikanische Waschbären den Wald unsicher.

Doch was sind heimische Tier- und Pflanzenarten? Gehören die Kastanien dazu, die von den Römern mitgebracht wurden? Die Kanadagänse, die sich auf unseren Parkweihern wohlfühlen? Viele Tiere haben sich ohne Zutun des Menschen angesiedelt. In den vergangenen hundert Jahren sind mehrere Dutzend Vogelarten bei uns eingewandert und haben sich dauerhaft niedergelassen. Wer das zur Katastrophe erklärt, pflegt ein starres Naturbild, das die Dynamik der Evolution ausklammert. Wandel ist die Geschäftsgrundlage der Natur, man kann ihr keine Käseglocke überstülpen. Wer »fremde Arten« bekämpfen will, müsste willkürlich einen Stichtag festlegen und alle, die danach ankommen, als »fremd« definieren und die, die davor da waren, als »heimisch«.

Zugegeben, eingewanderte oder eingeschleppte Arten können viel Ärger bereiten, wie jeder Gärtner bestätigt, der mit Spanischen Wegschnecken zu kämpfen hat. Besonders auf Inseln, die lange Zeit von den kontinentalen Ökosystemen abgetrennt waren, können invasive Arten ein Desaster sein. Die europäischen Wespen in Neuseeland sind ein eindrucksvolles Beispiel dafür. Deutschland ist jedoch Teil einer Landmasse, die vom Atlantik bis zum Pazifik reicht. Jede Ameise, jeder Pflanzensamen kann sich theoretisch ziemlich ungehindert von Wladiwostok bis Lissabon ausbreiten. Unsere heute heimische Flora und Fauna ist das Resultat mehrerer Klimawandel und der Verdrängung von Wäldern durch den Ackerbau. Im Urwald der alten Germanen waren Reh und Hase eher selten.

Der Neubürger Waschbär hat sich gut eingepasst und keine einzige Tierart verdrängt. Auch wenn er im Raum Kassel bisweilen die Nachtruhe stört, ist er doch eher eine Bereicherung unserer Tierwelt. Waschbären raus!? Welchen ökologischen Vorteil sollte das bringen? Manche Ökopuristen wollen sogar alle westdeutschen Biber eliminieren, weil die in den siebziger Jahren aus Skandinavien eingebürgert worden sind (genetisch weichen sie von den urdeutschen Elbebibern ab, oh Schreck). Als wir einmal an einem Frühlingstag im Zug von Heidelberg nach Darmstadt fuhren, flog kurz ein Schwarm asiatischer Halsbandsittiche neben unserem Abteil her. Knallgrüne Vögel zwischen rosa und weiß blühenden Obstbäumen: Welch ein Anblick. Sie sollten sofort eine Greencard bekommen.

Haarige Moral

Zu den gewohnten Erscheinungen des Herbstes gehören die Hirschbrunft, der Abschied der Zugvögel, das Fallen der Blätter und das Wachstum der Pilze. In den letzten Jahren ist noch ein Phänomen hinzugekommen: Der Protest gegen Pelzmäntel. Sobald die ersten kalten Tage den Menschen frösteln lassen, ketten sich Tierrechtler irgendwo an oder marschieren nackt durch Fußgängerzonen. Bunte Illustrierte und die handelsübliche Prominenz aus Fernsehen und Showgeschäft unterstützen das Treiben in Wort, Schrift und Bild. Wir haben uns daran gewöhnt wie ans nasskalte Wetter. Doch eines schönen Herbsttages riss uns eine Meldung mitten aus dem Gähnen: Die kanadische Regierung erwägt, hieß es, die Winter-Pelzmützen der berühmten Royal Canadian Mounted Police auszurangieren. Sie sollen dann durch Imitate aus Kunststoff ersetzt werden.

Die legendären »Mounties«, dass sind die Männer mit den schmucken roten Uniformen, die auch in Deutschland jedes Kind kennt. Was ist nur in Ottawa los? Antwort: Das gleiche wie in Deutschland. Selbst in einem Land, in dem immerhin noch 50 000 Trapper leben, gelingt es inzwischen wenigen lautstarken Aktivisten, ihre Scheinmoral anderen aufzuzwingen.

Die Mützen der Mounties bestehen traditionell aus dem Fell der Bisamratte. Etwa 200 000 dieser Pelztiere werden in Kanada ohnehin jedes Jahr erlegt. Auch in Deutschland töten ehrenamtliche und nebenberufliche Bisamfänger sie zu Zehntausenden, weil die Nager gern Deiche, Bahndämme und Uferbefestigungen untergraben. Eine einzige Bisamratte bewegt in ihrem Leben fünf Kubikmeter Erde (und ein Rudel besteht aus 30 bis 40 Tieren). Die Gemeinden geben für die Schadensbegrenzung viel Geld aus. In Deutschland wird ein Großteil der Kadaver samt Fell als Müll entsorgt, weil die eigentlich wertvollen Bisampelze nicht mehr absetzbar sind. Mounties, die unter Synthetikhauben schwitzen: Ein besseres Symbol für den Wahnwitz des modischen Moralaktivismus könnte sich niemand ausdenken.

Aber es ist keine Ausnahme: Auch fast alle Füchse, die in Deutschland bei der Jagd anfallen, enden als Müll statt als

Mantel. Pelz, nein danke! Füchse müssen mangels natürlichen Feinden reguliert werden. Bisamratten verursachen wirtschaftliche Schäden, wenn sie überhand nehmen. Obwohl mittlerweile jeder Sonntagsredner die Nachhaltigkeit beschwört, werden wertvolle Ressourcen bedenkenlos vernichtet, weil eine einflussreiche Minderheit es anrüchig findet, Kleidungsstücke aus behaartem Leder (nichts anderes ist Pelz) zu tragen.

Wenn pseudomoralische Ansprüche grotesk werden, haben die Menschen schon immer einen Ausweg gefunden: die gute alte Doppelmoral. In dieser Hinsicht weisen uns die Neuseeländer den Weg. Die weltweite Anti-Pelz-Kampagne hat auch in Neuseeland zur problematischen Vermehrung bestimmter Arten geführt und obendrein viele Jobs vernichtet. Schon vor Jahren brach dort die Nachfrage für Fuchsku-su-Felle ein (in Deutschland unter dem Handelsnamen »Opossum« bekannt). Diese possierlichen Blattfresser wurden vor langer Zeit aus Australien eingebürgert und machten sich sogleich über die neuseeländischen Wälder her. Sie gefährdeten seltene Baumarten dermaßen, dass auch die dortigen Naturschützer vehement für die Jagd eintraten.

Aber der Fang ist wertlos, seit in Westeuropa und Nordamerika Pelz verpönt ist. Doch einfallsreiche neuseeländische Textilspezialisten haben ein Verfahren erfunden, wie das wollige Fell des Fuchskusus verwebt werden kann. Anstatt es mitsamt dem Leder zu Pelzmänteln zu vernähen, kann man nun Wollpullover daraus stricken. Für die Tiere ist das unerheblich, weil natürlich niemand die Fuchskusus lebend fängt und rasiert. Aber was tut man nicht alles für die Modebigotterie in London, Paris und Berlin.

Unser Vorschlag für die kanadische Regierung: Rasiert die Ratten! Die Mounties bekommen hübsche Strickmützchen aus Bisamhaaren, den Tierrechtlern wird der unerträgliche

Anblick von Pelzkappen erspart, die Schädlinge dürfen weiter bekämpft werden. Zusätzlich entstehen neue Arbeitplätze (Bisamrasur, Verweben der Bisamwolle). Alle werden glücklich und jeder bekommt ein extragutes Gewissen.

Was soll der Zirkus?

Es kann unverschämt Spaß machen, Journalist zu sein. Zum Beispiel bei einer Reportage über Zirkustiere. Tagelang darf man sich in Manegen und Elefantenställen rumtreiben (und wird auch noch dafür bezahlt!). Hinter den Kulissen des Zirkus hat sich manches geändert. Wenn heutzutage bei KRONE Seelöwen auftreten, dann steht für sie ein transportabler Swimmingpool in X-large-Format bereit. Überhaupt gehören Zirkusleute zu den einfühlsamsten Tierkennern und ehrlichsten Tierfreunden, denen wir begegnet sind. Doch ausgerechnet sie müssen sich als Tierquäler beschimpfen lassen.

Politiker aus allen Parteien versuchen, ein Verbot von Tieren im Zirkus durchzusetzen. Die Forderung ist alt und wird von Tierrechtlern seit Jahrzehnten erhoben. Die Kritik an den Haltungsbedingungen von Zirkustieren hatte auch mal eine gewisse Berechtigung. Früher machte man sich zu wenig Gedanken um das Wohlbefinden der vierbeinigen Artisten. Heute ist bestmögliche Tierhaltung bei guten Zirkus-Unternehmen Ehrensache und längst Standard. Zugegeben: Es gibt immer noch kleine Schmuddelbetriebe, wo Menschen und Tiere erbärmlich leben. Aber das sind Fälle für die Veterinärämter und die Polizei.

Die Vorstöße von Politikern für ein Tierverbot zeigen, dass Moralaktivisten eine Sache bis zum Ende durchziehen, wenn sie sie einmal begonnen haben. Der große Irrtum der Angegriffenen: Sie glauben, wenn nur alle Missstände beseitigt sind, werde man wieder in Ruhe gelassen. Doch nichts da, ihr Zirkusdirektoren, Chemiker, Atomphysiker oder Genforscher! Ihr sollt euch nicht bessern, ihr sollt weg! Das ist das wahre Ziel, dass hinter vermeintlichen Sicherheitsbedenken, Verbraucherfragen und Tierschutzforderungen steckt.

Der Vorwurf hört sich ziemlich krass an, doch wir beobachten dieses Spiel seit Jahrzehnten. Es verläuft stets gleich. Erst wird – oftmals berechtigt – auf Missstände aufmerksam gemacht. Die betroffene Branche versucht zunächst sich wegzuducken. Doch schließlich sieht sie ein: Es gibt Veränderungsbedarf. Neue, bessere Lösungen werden gesucht und in Kraft gesetzt. Schließlich präsentiert der Pressesprecher stolz, wie sehr man sich gebessert hat. Die Geläuterten glauben, damit wäre alles in Ordnung und wenden sich wieder ihrem Broterwerb zu. Doch zu ihrer Überraschung folgt sofort die nächste Kampagne, diesmal mit höher gesteckten Zielen. Und so weiter und so fort. Schließlich wird die Latte so hoch gelegt, dass es sich nicht mehr lohnt, Waren zu produzieren oder Dienstleistung anzubieten. Ende der Branche.

In manchen Fällen, wie der Atomwirtschaft, läuft das ganz offen: Atomkraft, nein danke! Egal wie hoch der Sicherheitsstandard ist. Bei der Gentechnik, den Kunststofferzeugern und vielen anderen funktioniert es mit Salamitaktik. Die dumme Salami hofft dabei bis zum letzten Zipfel, der Hunger ihres Widersachers sei nun endlich gestillt.

Davon können besonders kleine Branchen ein Lied singen. Der Moral-Goliath spielt mit dem Wirtschafts-David wie die Katze mit der Maus. Es nützt norwegischen Walfängern nichts, dass die Arten, die sie fangen, inzwischen wieder häufig sind. Es nützt der deutschen Pelzwirtschaft nichts, dass seit langem keine seltenen Wildtiere und keine

Robben mehr verarbeitet werden. Ein Kürschner nach dem anderen macht dicht. Ebenso vergeblich investierten Pharmaunternehmen Millionen in Laborgehege und praktischen Tierschutz. Ungerührt heißt es: Schluss mit den Tierversuchen! Ingrid Newkirk, Chefin von PETA, der weltweit größten und reichsten Tierrechtlerorganisation, sagte es frank und frei: »Wenn jemand fragt, was diese ganzen Reformen eigentlich sollen, kriegt er unsere klare Meinung zu hören. Unser Ziel ist die totale Befreiung der Tiere.« Angefeindete Wissenschaftler, Tierhalter und in Verruf stehende Unternehmer haben das immer noch nicht kapiert.

Also, liebe Freunde beim Zirkus, auch wenn ihr jedem Seelöwen ein Hallenbad, jedem Kamel ein Sonnenstudio und jedem Bären eine eigene Imkerei hinstellt: Sie werden nicht Ruhe geben, bis ihr eure Zelte für immer abgebaut habt. Und leider gibt es Politiker, die dafür den Tanzbären machen.

Symbolischer Naturschutz

In letzter Zeit lesen wir erfreulich viel über Feldhamster, Kammmolche, Großtrappen und Wachtelkönige. Leider nichts Gutes. Der Naturschutz hat hierzulande eine schlechte Presse, so schlecht wie lange nicht. Waren die deutschen Redaktionen sonst immer an vorderster Front, wenn es galt, afrikanische Elefanten und kanadische Robben zu retten, so wettern sie jetzt gegen die einheimische Fauna. Naturschutz klingt bereits wie Lohnnebenkosten. Er wird zum Symbol für endlose Genehmigungsverfahren und grüne Bürokratie. Und leider haben die Kritiker in den meisten Fällen recht. So wie er gehandhabt wird, ist der Naturschutz oftmals Spielwiese für wirklichkeitsferne Beamte und verkniffene Vereinsmeier.

Doch bei allem Gehäme und Gefeixe um die Blockademacht von Molchen ist die Gleichsetzung von Naturschutz und Behördenirrsinn oberflächlich und falsch. Wenn tatsächlich irgendwo die Letzten einer Art oder ein seltener Landschaftstyp gefährdet sind, darf die Verlegung einer Straße, einer Wohn- oder Industrieansiedlung kein Tabu sein. Auch in mageren Zeiten. Schließlich gilt beim Artenschutz das Axiom »They never come back«. Den Kölner Dom könnte man zur Not nachbauen, den Feldhamster nicht.

Wenn es also tatsächlich um gravierende Naturzerstörungen gehen würde, wäre es barbarisch, einfach die Bagger auffahren zu lassen. Ja wenn. Viele der bekannt gewordenen Fälle lassen erhebliche Zweifel daran aufkommen. Denn die winzigen Populationen, um die es geht, haben so gut wie keine Bedeutung für die jeweilige Art. Mitteleuropa ist für sehr wenige Spezies tatsächlich das Kerngebiet ihrer Verbreitung. Die meisten bei uns lebenden Pflanzen und Tiere kommen von der Atlantikküste bis in die Weiten Nordasiens vor. Oder, wie der Ökologe Paul Müller einmal bemerkte: »Würde das Saarland morgen vom Erdboden verschwinden, wäre keine einzige Art ausgestorben.« Doch, wie bei allen hochmoralischen Themen, ist auch im Naturschutz ökonomisches Denken tabu. Die Frage, ob man vielleicht für einen Bruchteil der Millionen, die Schutzmaßnahmen hierzulande kosten, Großtrappen und Feldhamster in Südosteuropa behüten kann (wo es vitale Populationen gibt), darf nicht gestellt werden.

Das Schlimmste an der Hamsterdebatte ist jedoch etwas anderes: der Ansehensverlust. Wie in den technikverliebten fünfziger Jahren stehen Naturschützer wieder als skurrile Vögel da, die fern von der Gesellschaft ihr Hobby pflegen. Leider haben sie daran größtenteils selbst Schuld. Die meisten von ihnen sind auf das Feindbild Stadt und Industrie fixiert. In ihrer Weltsicht frisst die technische Zivilisation wie ein Tumor die Natur auf. Doch das ist nachweislich falsch. Es ist die Landwirtschaft, die mit ihren direkten und indirekten Auswirkungen den Rückgang der meisten Arten in Mitteleuropa verursacht. Sie liegt mit weitem Abstand über allen übrigen Einflussgrößen. »Bau- und Siedlungstätigkeit«, schreibt der Ökologe Josef H. Reichholf, »fallen ihr gegenüber kaum ins Gewicht.« Über die Hälfte der Fläche Deutschlands wird landwirtschaftlich genutzt und fast ein Drittel forstlich. Häuser, Fabriken und Straßen beanspruchen knapp zehn Prozent. Die Rettung eines einzelnen Molchteiches ist ein rein symbolischer Akt, wenn auf breiter Fläche rechts und links der dadurch verhinderten Autobahnschneise Hunderte Tümpel durch Gülle verschmutzt und eutrophiert werden. Doch Behörden und Verbände verbeißen sich in die Verhinderung von Baumaßnahmen, um ihren geringen Einfluss auf den Agrarsektor zu kompensieren.

Ein Insektenforscher lud uns einmal zu seinen Bienenstöcken ein. Die Imkerhütte, umgeben von einem idyllischen Gärtchen, war eine Oase innerhalb einer eintönigen Ackerlandschaft aus Maismonokulturen. Aber sie war das einzige »Gebäude« weit und breit. Deshalb wollte die Naturschutzbehörde sie abreißen lassen. Naturschutz ist viel zu wichtig, um ihn solchen Prinzipienreitern zu überlassen.

Kapitel 4

Menschen und Moden

Nein

Unlängst bot einer von uns dem Ressortleiter einer Zeitschrift eine Geschichte an. Die Antwort kam prompt per E-Mail und bestand nur aus einem Wort: »Nein.« Das verletzte zwar die zarte Autorenseele, war andererseits aber so schnell und eindeutig wie eine Replik von John Wayne. Der kurze Anflug von Verärgerung machte denn auch rasch einem anderen Gefühl Platz: Hier hat jemand eine klare Position, und er teilt sie auch ohne Umschweife mit. Er ist damit eine rühmliche Ausnahme, bei der man wenigstens weiß, woran man ist. So etwas erleichtert die Zusammenarbeit ungemein. Oder – wie im vorliegenden Fall – es verhindert eine Zusammenarbeit. Lieber fest auf den Boden der Tatsachen geholt werden als in einem Meer von Watte umherirren.

Wir haben durchaus nichts gegen den Wandel von Sitten und Gebräuchen. Eine Konvention, deren Ableben wir ausdrücklich bedauern, ist jedoch die verbindliche Absage. Viele Menschen – besonders im Berufsleben – sagen oder schreiben nicht mehr »nein, danke«. Sie denken es nur. Oder sie denken gar nichts. Gedankenlesen ist ja schon schwer genug, das Lesen von Nichtgedanken bedauerlicherweise unmöglich.

Anstatt sich klar auszudrücken, wird geschwiegen oder bis auf Weiteres zugestimmt. Der jeweilige Geschäftspartner kann dann nach ein paar Wochen Schweigen im Walde allenfalls vermuten, dass sein Vorschlag nicht angenommen oder seine Frage abschlägig beschieden wurde. Da er seinen übersinnlichen Fähigkeiten jedoch misstraut, fängt er an zu grübeln: Vielleicht ist die E-Mail gar nicht angekommen? Oder braucht der Adressat viel Zeit zum Nachdenken? Ist das jetzt ein gutes oder schlechtes Zeichen? Gegenüber jungen Leuten, die beispielsweise Bewerbungen abschicken und keine rasche Antwort bekommen, ist es weder das eine noch das andere, sondern ganz und gar rücksichtslos. Und doch hält man es vielfach nicht einmal für nötig, Bewerbungsunterlagen zurückzuschicken.

Aber auch in allen anderen Fällen entsteht statt einer klaren Antwort eine unklare Situation. Das Ganze ist so effizient wie eine Verkehrsampel, bei der alle drei Farben zugleich aufleuchten. Die Zeit des Rätselns und der Hoffnung auf Grün könnte auch produktiver verbracht werden. In Afrika hörten wir mal den Spruch »perhaps is white man's no« (»vielleicht« ist das »Nein« des weißen Mannes). Man liest auch viel von asiatischen Umgangsformen, bei denen ein direktes »Nein« als blanker Affront und Gesichtsverlust gewertet würde. Wir haben allerdings ganz und gar nicht das Gefühl, dass sich in deutschen Unternehmen asiatische Höflichkeit ausbreiten könnte.

Woran liegt es also? Ein Mangel an Ratgebern mit Titeln wie »Nein sagen ohne zu verletzen« besteht ja auch nicht. Darin ist meist zu lesen, dass die Unfähigkeit zum Nein einem schwachen Ego entspringe und der Angst, »abgelehnt und nicht mehr gemocht zu werden«. Unserer Erfahrung nach trifft solches zumindest im gewerbsmäßigen Umgang miteinander nicht zu. Die dort vorherrschenden schwachen Egos wissen meist, dass sie eh keiner mag.

Oder hängt es mit der Sozialisierung in der Kuschelgesellschaft zusammen, in der jede Ablehnung und Kritik so lange weichgespült wird, bis sie als Zustimmung und Lob empfunden werden kann? Es beginnt in der Kindererziehung, wo auch noch das allerschlampigste Gekritzel zum Kunstwerk erklärt wird (was sich bei erwachsenen Künstlern mitunter fortsetzt). Null Frustration lautet das Ziel. Piep, piep, piep, wir ham' uns alle lieb. Wer wissen will, woran er ist, wird so lange angelächelt, bis er nicht mehr fragt.

Vom Aussterben der Groupies

Als charakterfeste Ehemänner können wir in Rotlichtfragen kaum Kompetenz anmelden. Doch bei den Koks-und-Huren-Skandalen, über die in den vergangenen Jahren diverse Prominente gestolpert sind, geht uns eine Frage nicht aus dem Kopf: Warum genügen Ruhm, Reichtum und Boheme offenbar nicht mehr, um an sexuellen Ausschweifungen interessierte junge Damen anzulocken?

Früher hatten Popstars, Fernsehgrößen und berühmte Künstler mehr vom Leben. Musste sich der Normalmann schwer bemühen, um seiner jeweils Angebeteten erfolgreich den Hof zu machen, so flogen den Celebrities die Frauen einfach zu. Freie Auswahl: das Paradies der männlichen Eitelkeit. In jeder Provinzstadt gab es den Typus des Groupies. Dies waren zum exzessiven Amüsement entschlossene weibliche Wesen, die es darauf anlegten, mit möglichst vielen Leadsängern, Undergroundfilmern, Avantgardekünstlern oder sonst wie angesagten Typen im Bett gewesen zu sein. Schlagzeilen wie »Quizmaster Kulenkampff im Bordell« oder »Jimmy Hendrix auf dem Autostrich« hätten vor dreißig Jahren Unverständnis ausgelöst: »Haben *die* das nötig?« Gehen wir weiter in die Geschichte zurück, treffen wir auf sexbesessene Diktatoren wie Mao und Mussolini, die Hunderte ihrer weiblichen Landeskinder im Schlafzimmer empfingen. Und dies keineswegs durch Zwang: Glühende junge Verehrerinnen schrieben ihnen eindeutige Liebesbriefe. Eine Nacht mit dem großen Steuermann oder dem Duce war für sie die Nacht ihres Lebens.

Die Groupies von heute heißen »Partyluder« und sind seriell monogam: Sie pflegen feste Beziehungen zu einzelnen Männern, die oftmals mehrere Monate und sogar Jahre halten können. Und ehe man sich versieht, sind sie schwanger und »Ex-Partyluder«. Obendrein hat man den Eindruck, dass sie weniger das Kamasutra beherrschen als die Kunst, möglichst vorteilhaft für »Bunte« und »Gala« zu posieren.

Heute müssen gefeierte Sportreporter, Künstler, Talkmaster und sogar ein Hollywood-Beau wie Hugh Grant Bargeld hinblättern, damit junge Frauen ohne Heiratsabsichten sich mit ihnen abgeben. Was hat sich geändert, welche tektonischen Verschiebungen der Gesellschaft und der Geschlechterverhältnisse sind hier am Werk? Lohnt es sich überhaupt noch, reich und berühmt zu werden? Wir tappen im Dunkeln, haben aber so unsere Vermutungen.

Hypothese eins: Frauen sind selbstbewusster geworden oder wollen zumindest so erscheinen. Es ist ihnen heute peinlich, sich nur im Abglanz eines Mannes zu sonnen. Konnte eine junge Frau 1970 noch im Kreise ihrer Freundinnen mit prominenten Eroberungen prahlen und sich der Bewunderung sicher sein, so muss sie sich heute auf mitleidige Blicke und abfällige Bemerkungen einstellen: Brauchst du den Kerl für dein Ego? Hast du sonst nichts zu bieten? Und wer möchte schon auf ewig schweigen und still genießen, wenn er mit einer »Trophäe« im Bett war? Der Hauptunterschied zur Liebesnacht mit einem unbekannten Mann ist schließlich der anekdotische Wert solcher Affären.

Hypothese zwei: Prominenz inflationiert. Was Andy Warhol und Joseph Beuys einst als Utopie formulierten, ist Wirklichkeit geworden: Jeder kann, zumindest für kurze

Zeit, zu den Prominenten gehören. Nachmittägliche Bekenntnisrunden, unaufhörliche Talentwettbewerbe und der insgesamt steigende mediale Menschenumsatz machen es möglich. In fast jeder deutschen Familie findet sich ein Mitglied, das schon mal im Fernsehen war. Und es ist der gleiche Flimmerkasten, in dem auch all die Berühmtheiten zu Hause sind. Superstar? Na und.

Die Realität eines Prominenten von heute sieht bitter aus. Anstatt dass sich die Groupies vor ihm aufrollen, muss er verarmte ukrainische Dorfmädchen dafür bezahlen, doch wenigstens so zu tun, als seien sie ganz wild auf ihn. Um noch eine erotisch interessierte Praktikantin abzukriegen, muss man bereits Präsident werden. Doch was die Erfolgreichen frustriert, ist für die Gesellschaft als Ganzes eine gute Nachricht. Das Gleichheitsideal der Französischen Revolution scheint nahezu erreicht. Wenn ein Mann es mal so richtig schlimm treiben will, stehen dem Reichen und dem Armen offenbar nahezu die gleichen (begrenzten) Möglichkeiten offen. Der Geldbeutel entscheidet allenfalls noch über Zahl und Preisklasse der Huren und die Menge des Kokains. Wir leben eben doch im sozialdemokratischen Zeitalter: Chancengleichheit jetzt auch bei Orgien.

Kleiderordnung

Einkaufen mit Heranwachsenden hält jung und ist lehrreich. Ein zwölfjähriger Zahnspangenträger besteht auf Schuhen, deren Farbe man als Rentner-Grau bezeichnen würde. Gilt als cool. Spätestens jetzt wird einem blitzartig klar: Das eigene Modebewusstsein ist ins Rentenalter gekommen.

Der Anblick flanierender Studenten auf der Schwabinger Leopoldstraße gibt Rätsel auf. Was ist veraltet, was ist retro?

Ist der Anzug dieses jungen Mannes angepasst streberhaft oder ironisch rebellisch? Hat jene junge Frau den Geschmack an der Garderobe abgegeben, oder wurde ihr Outfit als provokative »White-Trash«-Pointe sorgfältig inszeniert? Fragen über Fragen. Manchmal braucht man keine Zeitmaschine, da reicht das eigene Leben, um aus der Vergangenheit zu kommen. Den Überblick über die hochdifferenzierte Welt der Jugendkulturen haben wir schon lange verloren. Nur noch Ethnologen können die verschiedenen Stämme sicher unterscheiden.

Wie beruhigend, wenn man im Dschungel der neuen Unübersichtlichkeit mal wieder auf gewohnte Kleiderordnungen stößt. Diesen Gefallen tat uns eine Broschüre der grünen Bundestagsfraktion. Sie zeigt ein Kind, dem der Vater zärtlich die Hand auf die Mütze legt. Von dem Erwachsenen ist außer der Hand nur ein Stück der Beine zu sehen. Und mit was sind diese Beine bekleidet? Nein, nicht mit dem italienischen Tuch, das zur Uniform grüner Funktionsträger wurde, sondern mit Breitcordhosen, Wollsocken und – wirklich wahr – Holzschuhen! Was wollen uns die Grünen damit sagen? Die Welt ist so kompliziert geworden, wir wollen zurück in unsere alte Landkommune? Oder: Okay, wir sehen aus wie gewiefte, karrieregeile Opportunisten und handeln auch so, aber unsere Seele ist immer noch rein und aus naturbelassener Wolle. Wir werden es nicht erfahren.

Ähnlich altbacken wie die Grünen-Broschüre wirkte die bunte Beilage einer überregionalen Zeitung. Da wurden »die neuen Konservativen« vorgestellt. Und wie sahen sie aus? Wie die Popper der frühen Achtziger. Händchen haltend stehen sie vor einem dieser gediegenen, säulengestützten Portale, mit denen man in Hamburg Pöseldorf oder am Londoner Sloan Square gern die Haustür umrahmt. Sie im biederen Kostümchen und er in Golfclub-Look so ziemlich alle Vorstellungen erfüllend, die ein bei Verdi organisierter Redakteur so über »die neuen Konservativen« hegt.

Draußen im Leben sind solche Klischees kaum noch zu finden. Manchmal, wenn wir auf ein Podium geladen werden, schließen wir untereinander gern Wetten ab, wer aus dem Publikum in der Diskussion wohl welches Argument vorbringen wird. Als beste Gewinnstrategie hat sich erwiesen, die Kleiderordnung der siebziger und achtziger Jahre einfach umzudrehen. Ökofundamentalistische Weltuntergangstiraden kommen häufig von Herren mittleren Alters in Anzug, Businesshemd und Krawatte. Sie arbeiten in der Regel bei Banken oder Werbeagenturen, wo ihnen die Fratze des Kapitalismus tagtäglich entgegengrimmt. Die liberale Gegenposition wird dagegen nicht selten von Frauen vorgetragen, die eigentlich dem Klischee der Ökobäuerin aus Vorabendserien entsprechen.

In lebhafter Erinnerung ist uns die Begegnung mit einem indischen Intellektuellen, der für seine liberalen, antibürokratischen Schriften einen Preis von Margaret Thatcher erhielt. Am Ort unserer Verabredung hielten wir nach dunkelhäutigen jungen Männern in Nadelstreifen Ausschau. Doch dann kam ein langhaariger Nickelbrillenträger in abgewetzter Cordjacke auf uns zu. Solche Insignien des akademischen Rebellen waren lange Zeit ein Monopol der Linken. Schön, dass auch diese Kleiderordnung wankt.

Kluge Dummheiten

Kürzlich stolperten wir über eine Pressemeldung aus Großbritannien. »Kluge Menschen essen weniger Fleisch«, hieß es darin. Wissenschaftler der Universität Southampton hatten mehrere Tausend Erwachsene angeschrieben, die alle als Kinder einen Intelligenztest absolviert hatten. Sie fragten die heute Dreißigjährigen nach ihren Ernährungsgewohnheiten. Und siehe da: Je höher der Intelligenzquotient im Kindesalter war, desto größer die Wahrscheinlichkeit, als Erwachsener Vegetarier zu sein. Essen also nur die Dummen Fleisch? Führt Klugheit in den Vegetarismus?

Wir vermuten einen ganz anderen Zusammenhang. Vegetarier, verrät die Studie, gehören in der Regel höheren sozialen Schichten an, sind meist Akademiker und weiblich. Wären die Probanden nach ihrer Weltanschauung gefragt worden, hätte man unter den besonders Gescheiten auch mehr Sozialisten, Homöopathiegläubige, Feministinnen, Antiglobalisten, Ökologisten, Anthroposophen, Tierrechtler, Pazifisten und sonstige »Isten« gefunden. Es gibt in akademischen Höhen einen weit verbreiteten Hang zur strammen Gesinnung in Kombination mit Selbstüberschätzung. Geistiges Potenzial muss sich nicht unbedingt durch geniale Erfindungen oder große Kunstwerke ausdrücken, es schwebt auch gern durch weltanschauliche Wolken. Die meisten Betroffenen befriedigen diese Neigung neben ihrem bürgerlichen Beruf, nur die krassen Fälle enden als Fanatiker. Aus solchen rastlosen Geistesarbeitern bildet sich die Gefolgschaft von Diktatoren und Demagogen.

Die weniger Gebildeten widmen sich seit jeher lieber dem Gelderwerb, der Kinderaufzucht oder dem Kleingarten. Und weil man es in Marktwirtschaften ziemlich weit bringen kann, wenn man hinter dem Geld her ist, werden manche dieser Einfältigen recht wohlhabend. Da viele Intellektuelle ökonomisch weniger glücklich sind, bestärkt dies ihre Grundhypothese, dass die Verhältnisse von Grund auf geändert werden müssen – am besten durch ihren jeweiligen Glauben. Dagegen ist die Mehrheit der Nichtintellektuellen zufrieden, wenn sie von der Obrigkeit in Ruhe gelassen wird.

Deshalb bilden sie das solide Fundament der offenen Gesellschaft: die schweigende Mehrheit, die dem radikalen Wandel meistens im Wege steht. Irgendwie scheinen manuelle Arbeit und praktische Lebenserfahrung vor ideologischer Verstiegenheit zu schützen. Dieses Phänomen ist besonders für linke Parteien misslich, die ihre Basis nicht in den Bevölkerungsteilen haben, in denen sie sie gern hätten, sondern eher in akademischen Bildungsberufen des öffentlichen Dienstes.

Interessant wird es, wenn die Sphäre der praktischen Vernunft und die Sphäre der Welterklärung zusammentreffen. Ein schönes Beispiel dafür konnte Miersch vor einiger Zeit auf einer Journalistenreise nach Kanada erleben. Die europäischen Medienvertreter waren alle vom Thema globale Erwärmung bewegt. Sie trafen auf kanadische Fischer, die, wie alle Fischer, gern vom Wetter erzählten. Bevor die Besucher nachhakten, klangen die Erzählungen meist ganz unspektakulär. Mal war es zu kalt, mal ungewöhnlich warm, mal war das Eis zu dick, mal schneite es zu wenig, mal zu viel. Die Bezeichnung „globale Erwärmung" kam in den Erfahrungsberichten nie vor, bis die Gäste zu fragen anfingen. Dabei drehte sich alles in fiebriger Erregung um ein Thema: »Wie wirkt sich die Klimakatastrophe hier im Norden aus?« »Kommt Ihnen das wechselnde Wetter nicht seltsam vor?« Spätestens nach der dritten Suggestivfrage kam den Fischern das Wetter seltsam vor. Sie wollten nicht unhöflich sein zu den Journalisten aus Übersee, und so verstärkte sich der Klimawandel mit jeder neuen Antwort. Was eben noch ein Wetterereignis war, mutierte zum Menetekel. Stifte und Blöcke wurden gezückt, Mikrofone angeschaltet. Da war er: Der Betroffenenbericht aus dem schmelzenden Packeis.

So läuft es, wenn Fischproduzenten auf Ideologieproduzenten stoßen. Es kommt immer mehr Ideologie dabei heraus – und selten mehr Fisch.

Wir gehören zur Generation der »Babyboomer«, jenen ge-
burtenstarken Jahrgängen, die zwischen Ende der vierziger
und Mitte der sechziger Jahre in westlichen Ländern das
Licht der Welt erblickten. Eine Generation, die niemals Hunger leiden, Krieg ertragen oder in Unfreiheit leben musste.
So viel Glück hatte es in der Menschheitsgeschichte zuvor
nie gegeben. Folglich konnten wir lernen, dass man auch in
Freiheit, Sicherheit und mit vollem Bauch von Herzen un-
glücklich sein kann.

Ein Teil unserer Altersgenossen trifft nun Entscheidungen, die den Kurs dieses Landes bestimmen. Und sie wirken
seltsam antriebslos und verzagt dabei. Sie sprechen zwar
vom Erneuern und Verändern. Aber nach Aufbruch klingt es
nicht. Eher nach einer unvermeidlichen Operation, der man
sich notgedrungen unterziehen muss. Früher stand das
Wort »Reform« für Fortschritt und Aufbau, heute wird es mit
Abbau assoziiert.

Ein Architekt, der Bauherren für seinen Plan begeistern
will, wird einen hinreißenden Entwurf präsentieren. Man
wird gemeinsam das Grundstück besichtigen und sich auf
die Zukunft im neuen Haus freuen. Und bis dahin gilt es
eben die Zähne zusammenzubeißen. Tagtäglich und überall
in Deutschland üben Menschen diese Art von Verzicht für
ihre Vorstellung von einem besseren Morgen. Welch ein
Unterschied zur öffentlichen Diskussion. Da prägen keine
Architekten, sondern Abbruchunternehmer die Stimmung:
»Sorry, das Haus muss abgerissen werden, weil es reinreg-
net und sich die Balken biegen, aber Ideen für ein neues,
besseres haben wir nicht.« Echt motivierend.

Besteht ein Zusammenhang zwischen unserer »postmateriellen« Jugendzeit und der Unfähigkeit, ein realistisches Zu-

kunftsbild mit emotionaler Anziehungskraft zu entwickeln? Welchen gesellschaftlichen Auftrag haben wir damals angenommen? Worauf kam es an? In erster Linie auf die Dekonstruktion des Bestehenden. Man war dem Falschen, der Fassade, der Charaktermaske auf der Spur. Der Gegenentwurf bewegte sich immer in der Sphäre des großen Ganzen, Wahren, Schönen, Guten. Eingebettet ins Wirtschaftswunder und beschützt von der US-Army schärften wir unseren Blick für die Schalheit des Wohlstandes und die Unzulänglichkeit der westlichen Freiheit. Eine antiökonomische und antiliberale Haltung wurde zum Standard, weit über die totalitären Maskenbälle der Studentengrüppchen hinaus.

Wer Gerechtigkeit für eine Verteilungsfrage und Freiheit für eine bürgerliche Ideologie hält, tut sich schwer, wenn der Wohlstand nicht mehr gegeben ist, sondern mit neuer Kraft neu geschaffen werden muss. Viele Babyboomer möchten gern davonlaufen, am liebsten zurück in den Wohlfahrtsstaat der BAT-Bohemiens. Und wenn es draußen brenzlig wird, reagieren sie mit Wegsehen, Beschwichtigungsformeln und billigem Amerika-Bashing. Bitte nicht stören.

Fechten's die Enkel besser aus? Nicht das ganze Land sei in Depressionen versunken, sagt Hans Magnus Enzensberger: »Ich kenne viele junge Leute, denen das Gejammer nicht passt, und denen die Unbeweglichkeit nicht passt.« Beim Durchblättern unserer Leser-E-Mails und auf Vortragsreisen erhalten auch wir ständig Lebenszeichen von solchen kritischen Zwanzigjährigen, die den ängstlichen Zukunftspessimismus ihrer Väter und Mütter aufgekündigt haben. In vollkommener Verkennung der Lage werden sie von den Eltern oftmals für unpolitisch gehalten. Deshalb kommt dieser Teil der Jugend in der öffentlichen Wahrnehmung wenig vor, denn man sollte möglichst Attac-Demonstrant oder Peta-Aktivist sein, um in den von Babyboomern beherrschten

Medien beachtet zu werden. Allensbach hat ermittelt, dass über die Hälfte der jungen Ostdeutschen der Freiheit den höchsten Wert zumisst und sie als Möglichkeit zu selbstverantwortlichem Handeln begreift. Doch der Schreck über die NPD-Dumpfbacken lässt den erheblich größeren Teil der jüngeren Leute weiterhin unsichtbar bleiben. Dabei sind sie viel spannender als die telegenen Klischee-Jugendlichen.

Die Wiederkehr des Gammelns

Seit einiger Zeit machen sich Menschen Sorgen um bedrohte Wörter. Es gibt Bücher darüber, Tagungen und Wettbewerbe, bei denen man bedrohte Wörter einschicken kann. Beim Wettbewerb »Das bedrohte Wort« gewann 2007 »Kleinod«. Das »Kleinod« haben wir eigentlich nicht sonderlich vermisst. Es klang schon gestelzt, als es noch nicht bedroht war. Die Liste der Einsendungen steckt voller sprachlicher Kleinode, den letzten Platz belegte »Schlüpfer«. Wörter wie »Neger« und »Krüppel« sucht man vergeblich, obwohl sie definitiv bedroht sind. Offenbar gibt es Wörter, die niemand mehr zurückhaben will.

Verschwinden bedrohte Wörter für immer, oder tauchen sie nur unter? Selbst verloren geglaubte Tierarten werden hin und wieder neu entdeckt. In jüngster Vergangenheit sichteten Forscher beispielsweise den amerikanischen Elfenbeinspecht und die Bayerische Kurzohrmaus, die man beide für ausgestorben hielt. Das kann auch mit Wörtern passieren. Als Väter von Jugendlichen haben wir das Ohr am Puls der Zeit. Und zu unserer Verblüffung sprechen die Heranwachsenden plötzlich wieder von »Gammeln«. Die Tätigkeit war nie ausgestorben (falls man beim Gammeln von Tätigkeit sprechen kann), aber das Wort. Circa vier Jahr-

zehnte lang wurde das ausgiebige Nichtstun von Pubertie-
renden und Postpubertierenden nicht mehr so genannt, allenfalls war von »Chillen« oder »Abhängen« die Rede, was
aber nicht das Gleiche ist.

Gammler gab es nur kurze Zeit, so um die Mitte der sechziger Jahre. Da lungerten die ersten langhaarigen jungen
Männer und miniberockten jungen Frauen in vollendeter
Passivität in Parks, auf Denkmälern und den Treppen öffentlicher Gebäude herum. Sie waren Hippies, doch das
Wort war noch nicht in Deutschland angekommen. Deshalb
waren sie vorerst Gammler. »Gammeln ist das Lieblingswort
dieser Generation«, schrieb die Jugendzeitschrift »Twen«.
»Gammlertum – Ärgernis oder Protest?«, fragte »Die Welt-
woche«. 1967 wussten laut Allensbach 89 Prozent der deutschen Bevölkerung, was ein Gammler ist. Und der populäre
Sänger Freddy Quinn empörte sich auf Schallplatte: »Ihr
lungert herum in Parks und in Gassen. Wer kann eure sinn-
lose Faulheit nicht fassen? Wir! Wir! Wir!«

Früher Höhepunkt der kurzen Gammler-Ära waren die
viertägigen Schwabinger Krawalle im Sommer 1962. Sie
wurden ausgelöst, weil Anwohner der Leopoldstraße es unerhört fanden, dass ein paar Jugendliche nach 22.30 Uhr auf
dem Pflaster saßen und Gitarre spielten. Die Schwabinger
Krawalle gehören nach Ansicht des Historikers Detlef Sieg-
fried »zu den herausragenden immateriellen Erinnerungs-
orten der Bundesrepublik – ein mythisches Ereignis, das
das Ende der Adenauer-Ära und die Liberalisierung der
Bundesrepublik anzuzeigen scheint«.

Von dieser glorreichen Geschichte wissen unsere Kinder
und ihre Freunde natürlich nichts. Auch die in der Literatur
häufig gestellte Frage, ob die damaligen Gammler die Vor-
hut der späteren Studentenproteste waren, interessiert sie
nicht wirklich. Sie gammeln, als wäre das Gammeln gerade

erfunden worden. Dabei ist es für die junge Generation viel schwerer, erfolgreich zu gammeln, als es noch für unsereins war. Das Rumlungern auf Parkwiesen, Denkmälern und Freitreppen ist allgemein üblich geworden und provoziert niemanden mehr. In einem Münchner U-Bahnhof konnten wir zwei junge Neogammler beobachten, die sich in ihrer Not auf den Stufen einer fahrenden Rolltreppe niederließen, um wenigstens für einen Moment irgendwen zu stören. Man muss sich heute richtig anstrengen, um brave Bürger zu erschrecken.

Müssen wir also mit dem Schlimmsten rechnen: dass unser Nachwuchs als Gammler scheitert? Nein, ein erhebliches Protestpotenzial besteht noch im Privaten. Gammeln statt für die Mathearbeit lernen führt bei Neospießern wie uns immer noch zu völlig reaktionären Überreaktionen. Einstweilen aber freuen wir uns über die Wiederkehr eines alten Wortes, das von der »Liste der bedrohten Wörter« gestrichen werden kann.

Die bildungsnahen Schichten

Deutschlands hochbegabte Sprachschöpfer haben einen neuen Begriff geschaffen: »bildungsferne Schichten«. Gemeint ist jener Teil der Bevölkerung, der sich hartnäckig weigert, Arte zu gucken, Bier statt Bordeaux trinkt und alle drei Berliner Opernhäuser störrisch boykottiert. Der Ton, in dem über ihre als peinlich empfundene Lebensart geredet wird, verschärft sich. Das böse amerikanische Wort vom »white trash« ist auch bei Leuten salonfähig geworden, die sonst mit korrekt gereinigter Diktion glänzen.

Nun, wir wollen nicht abstreiten, dass es Grund zur Sorge gibt, wenn Eltern ihre Kinder ausschließlich mit Super-RTL,

Ego-shooter-Spielen und Schokoriegeln großziehen. Bedauerlicherweise ist niemand in Sicht, der den einst verblichenen Arbeiterbildungsvereinen neues Leben einhauchen könnte – weder bei den Sozialdemokraten noch beim öffentlich-rechtlichen Fernsehen. Und die Volkshochschulen kümmern sich lieber um arbeitslose Kunsthistorikerinnen als um Hilfsarbeiter.

So weit, so schlecht – doch da ist noch etwas anderes, was uns beim einträchtigen Lamento über die Unkultur des »Prolls« stört. Es ist der Gestus geistig-moralischer Überlegenheit derjenigen, die mit ausgestrecktem Finger auf die da unten zeigen. Etwas weniger Selbstgewissheit wäre wirklich angebracht. Denn nicht die schlichten Gemüter sind oft das Problem, sondern die Hybris akademisch kultivierter Kreise.

Während der letzten Buchmesse in Frankfurt verirrten wir uns in den ganz frühen Morgenstunden in eine Döner-Bude im Bahnhofsviertel. Der junge Bosnier hinter dem Tresen hatte garantiert keine höhere Schulanstalt von innen gesehen, die Marktwirtschaft jedoch genau verstanden. Die Gründe für die Wirtschaftslage in Deutschland konnte er aufgrund seiner empirischen Studien an Gästen und Behörden überaus treffend schildern. Bei Verlagsempfängen hatten wir stattdessen meist abgestandene Kapitalismuskritik gehört.

Wir wollen hier keinen sozialromantischen Proletenkult betreiben. Wenig gebildet zu sein, erhöht nicht automatisch die Urteilskraft. Ein hoher Bildungsgrad aber auch nicht. Denken wir nur an die wechselnden Hysterien, die Deutschland in den vergangenen Jahrzehnten heimsuchten. Das Waldsterben wütete in Redaktionsbüros. Waldarbeiter fassten sich nur an den Kopf. Auch um einen strengen Winter als Zeichen globaler Erwärmung zu deuten, muss man dialektisch geschult sein. Erst dann leuchtet einem auch ein, warum hohe Benzinpreise gut und billige Lebensmittel schlecht sind.

Nach dem 11. September 2001 dauerte es nicht lange, bis Angehörige der talkenden Klasse das Geschehen zur irgendwie gerechten Rache erklärten oder die phallische Dimension der Doppeltürme hervorhoben. Ein Freund von uns hatte den Tag zufällig bei seiner elterlichen Familie in Niederbayern verbracht. Als er wieder im Kulturbetrieb ankam, war er fassungslos über all das dialektische Verbal-Ikebana, das er dort zu hören kriegte. Seine dörflichen Verwandten waren einfach nur entsetzt und voller Mitleid, als sie sahen, wie Menschen aus Hochhausfenstern sprangen.

Auch dass Europa ein Problem mit islamischen Zuwanderern bekommen könnte, galt in den neunziger Jahren unter Café-latte-Trinkern in den Univierteln noch als quasifaschistisches Ressentiment. Diejenigen, die mit Einwanderern das Wohnquartier teilten, sahen das viel früher viel klarer.

Dünkel ist wieder erlaubt. Man strebt nach Höherem und verachtet die schnöden materiellen Wünsche der Unterschicht. Und für den distinguierten Arbeitslosen hat ein leibhaftiger deutscher Graf vor ein paar Jahren ein hilfreiches Buch geschrieben. Sein Titel: »Die Kunst des stilvollen Verarmens«.

Kapitel 5

Wald und Wetter

Wir sind die neuen Grünen

Endlich: Die Stunde der unideologischen Grünen hat geschlagen! Dynamisch, schick, vorurteilsfrei. Von »Vanity Fair« bis »Newsweek«, von »Focus« bis »Zeit« wird der neue Typus beschworen, er sei ein »urbaner Trendsetter«. Der »Spiegel« schreibt, die Zielgruppe der sogenannten Lohas (»Lifestyle of Health and Sustainability«) sei eine »innovative Zielgruppe« mit großer Distanz zum Körner- und Verzichtsimage der früheren Ökobewegung: »Lohas tragen Gucci statt Selbstgestricktes und haben Freude am wertbewussten und nachhaltigen Konsum.« Und die Konkurrenz von »Focus« pflichtet bei: »Seit sich urbane Trendsetter beim schicken Biokaufhaus Basic eindecken und ihre Urlaube in grünen Designer-Lodges buchen, wirft die nachgewachsene Generation den letzten Linksquark über Bord.« Wir beide haben uns mächtig gefreut, weil doch sonnenklar ist: Da können nur wir gemeint sein!

Maxeiner & Miersch stehen großartige Zeiten bevor. »Gute Laune statt schlechtem Gewissen«, hieß es sogar in Maxeiners heimatlicher »Augsburger Allgemeinen«, »die Welt zu retten wird jetzt schick.« Das ist schon mal ein guter Anfang, auch wenn es an den Ausführungsverordnungen noch ein wenig hapert: »Ist doch toll, dass man zu zweit Spaß in der Badewanne haben kann und dabei auch noch ein gutes Gewissen.« Also ähm, wir haben uns tief in die Augen geschaut und dann doch davon abgesehen.

Nun gut, die Bewegung ist noch neu. Sie kann daher nicht wissen, dass in Deutschland alles andere als Wassermangel herrscht. Es dürfte ihr auch nicht bekannt sein, dass die Kanalisation vielfach nicht mehr richtig funktioniert, weil alle versuchen, Wasser zu sparen. Während Sie oben zu zweit in der Badewanne sitzen, jagt das Wasserwerk unten gewaltige Mengen zusätzliches Wasser ins System, damit die Rohre frei bleiben und nicht zum Himmel stinken. Ideologiefrei grün, wie wir sind, haben wir uns entschlossen, beim Zähneputzen das Wasser laufen zu lassen, um das frevelhafte Verhalten unserer Nachbarn auszugleichen. Wie sagt die neue Bewegung so schön: »So viel Fun beim guten Tun war selten.«

Richtig, nur kann die Berücksichtigung von ein paar Fakten nicht schaden. Doch da hapert es: Neu ist bei den Lifestyle-Grünen vor allem die Attitüde, die Gedanken sind hingegen ganz die alten. Wenn Al Gore zusammen mit George Clooney und Julia Roberts in »Vanity Fair« den »planetaren Notstand« ausruft, dann ist das natürlich äußerst schick, inhaltlich aber exakt derselbe apokalyptische Schmarrn, wie ihn altvordere Ökofossile vom Schlage Herbert Gruhls oder Robert Jungks in den achtziger Jahren von sich gaben. Den Trendmenschen auf dem grünen Designersofa ist bisher kein einziger neuer Gedanke gekommen. Stattdessen rattern sie die alte Litanei herunter: Natur gut, Kunststoff böse. Sonne gut, Atom böse. Bio gut, Gentechnik böse. Ökourlaub gut, Billigflug böse. Das ist ungefähr so ideologiefrei wie das kommunistische Manifest.

Und deshalb wollen wir die Bewegung jetzt auf ein paar neue Ideen bringen, wie man Gutes tun und eine Menge Spaß dabei haben kann:

Steckt den gelben Sack in die graue Tonne! Selbst das Bundesumweltamt meint, dass dies die beste Lösung wäre. Maschinen trennen den Müll nämlich viel effizienter und billiger als das bisherige System. Wenn alle dem folgen, wird sich die neue Methode schnell durchsetzen und wir können die Milliarden für den Naturschutz ausgeben.

Achtet beim Einkauf auf wirklich ökologische Ware! Solltet ihr beispielsweise im Supermarkt ein Müller-Milch-Produkt mit einem Protestaufkleber »Genmilch« finden, geht zum nächsten Mitarbeiter und fragt: »Könnte ich noch mehr davon haben?« Die Großmolkerei ist ein Unternehmen, das »den alten Linksquark« ignoriert und nicht bereit war, sich einem ideologischen Gentechnik-Boykott anzuschließen. Die Gentechnik verringert den Einsatz von Pestiziden, sorgt für mehr Ertrag und damit für weniger Flächenbedarf. Das entlastet die wilde Natur. Auch können neue Pflanzen helfen, Mangelerkrankungen bei den Menschen in armen Ländern zu lindern.

Und last but not least: Bucht einen Billigflug! In Asien, Afrika oder Lateinamerika sind die Menschen dringend auf Einnahmen aus dem Tourismus angewiesen. Wer dort im Urlaub lokale Händler und Restaurants bevorzugt, hilft den Menschen am meisten und trägt dazu bei, dass sie ihre Umwelt nicht mehr aus Not plündern müssen. Die teuren Ökolodges des grünen Jetsets nutzen ihnen leider wenig.

Ökologisch befreite Zone

»Ab in die Wälder« war eine Titelgeschichte des Magazins »Newsweek« überschrieben, die sich mit der Entvölkerung europäischer Landstriche – darunter weite Teile Ostdeutschlands – befasst. Das deckt sich durchaus mit eigenen Beobachtungen auf Inlandsreisen. Die Landbevölkerung wird immer älter und immer seltener. In den nächsten 25 Jahren wird sie nach Prognosen der EU und UN noch einmal um rund ein Drittel abnehmen. Wo einst Mähdrescher der Marke »Fortschritt« ratterten, kehrt die Wildnis zurück: »Die Wirtschaftslage und sinkende Geburtenraten zwingen ganze

Regionen zurück in den urzeitlichen Zustand«, schrieb »Newsweek«, »und Wölfe treten an die Stelle des Menschen«. Vor zwanzig Jahren hieß ein beliebter Slogan »Erst stirbt der Wald, dann stirbt der Mensch!« Die aktualisierte Fassung lautet jetzt: »Erst stirbt der Mensch, dann kommt der Wald (und der Wolf)!«

So hatten sich die Deutschen die Rettung des Waldes irgendwie nicht vorgestellt – und an ernsthaften Versuchen, seine Ausbreitung zu verhindern, mangelte es ja nicht. 100 Milliarden Euro wurden im ländlichen Osten investiert, beispielsweise in eine brandenburgische Zeppelin-Werft, die sich als größter Betriebsunfall dieser Branche seit der »Hindenburg« entpuppte. Oder gleich ums Eck in eine Formel-1 Strecke, die ein solches Rennen noch nie gesehen hat. Statt »Roooaaaaam« macht es im Osten immer öfter »Ahuuuuu«. Aber ist es wirklich so bedrohlich, wenn die Wölfe heulen? Zunächst einmal ist die Gefahr, in Berlin von Nachbars Lumpi gebissen zu werden, deutlich größer, als in der Lausitz auch nur von weitem einen Wolf zu erblicken.

Die Furcht haust aber tiefer: Die Rückkehr von *Canis lupus* wird nicht als Zeichen einer vitalen Natur betrachtet, sondern als das einer bedrohlichen Endzeit, einer Zukunft voller verlassener Dörfer und wilder Bestien. Die gängige Methusalem-Literatur greift das Motiv dankbar auf und klingt stellenweise wie das Märchen vom Wolf und den sieben Rentnern. Das ist pädagogisch natürlich äußerst wertvoll. Dennoch sind wir um die Zukunft von Finsterwalde und Umgebung nicht gar so besorgt. Und das hat gleich mehrere Gründe.

Erstens: Ökologisch befreite Zonen sind uns allemal lieber als »national befreite Zonen«. In Spanien bemüht sich übrigens ein Verbund ländlicher Gemeinden um Zuwanderer aus Südamerika und Rumänien – und mit jedem Einwanderer kehrt Leben in die Dörfer zurück. Warum sollte so etwas bei uns nicht möglich sein? Nicht verkennen sollte man auch das Potenzial stadtmüder Hobbybauern, Pferdesportler oder Ferienhausbesitzer. Es muss in Zukunft vielleicht nicht immer Toskana sein. Und wer weiß: Vielleicht wird Ostdeutschland ja die Toskana der Polen.

Zweitens: Deutschland kann etwas mehr Wildnis durchaus gebrauchen. Freuen wir uns doch über einen Hauch von »Yellowstone«. Und keine Angst: Die Hüter der Kulturlandschaft, sprich die Agrarlobby, werden sicherstellen, dass Bauern vielerorts auch weiterhin unwirtschaftliche Böden beackern oder subventionierte Kühe auf Almen weiden lassen.

Zu guter Letzt: Wildnisreiche Länder können durchaus mit gesundem Wirtschaftswachstum aufwarten, wie Island, Finnland oder Nordamerika beweisen. Dort ist man übrigens auch gebärfreudiger als hierzulande. Es lässt sich von diesen Exempeln lernen, wie eine weit verstreute Bevölkerung medizinisch oder schulisch ordentlich versorgt werden kann. Wälder und Wölfe stehen dem Fortschritt nicht entgegen. Man kann mitten in Berlin Hinterwäldler sein.

Die Rehabilitation der Osterinsulaner

Wer den Menschen erzählt, was sie hören wollen, muss meist keine großartigen Beweise liefern. Auch wer ihnen zeigt, was sie gerne sehen möchten, braucht keine lästigen Nachfragen zu fürchten. Denken wir nur an das berühmte Foto, auf dem bewaffnete Rotgardisten in einer entschlossenen Keilformation das Petersburger Winterpalais stürmen. Die Abbildung wurde zur Ikone der russischen Revolution und fand ihren Weg in die Schulbücher der ganzen Welt.

Das schöne Symbolfoto hat nur einen kleinen Haken: Es zeigt mitnichten die Vorgänge von 1917, sondern wurde Jah-

re später anlässlich einer Feier zur Oktoberrevolution nach-
gestellt. Das falsche Foto machte aus einem nächtlichen
Putsch eine heroische Revolution und stillte so den mythi-
schen Bedarf der Menschen.

Ein halbes Jahrhundert später nahm in den westlichen Industrienationen die ökologische Revolution ihren Ausgang,
und auch sie dürstete nach Projektionsflächen. Die lieferte
eine angeblich vom indianischen Häuptling Seattle gehaltene Rede. »Was die Erde befällt, befällt auch die Söhne der
Erde«, soll er gesagt haben, »auch die Weißen werden verge-
hen, eher vielleicht als alle anderen Stämme. Fahret fort,
euer Bett zu verseuchen, und eines Nachts werdet ihr im eigenen Abfall ersticken.« Autor der weisen Worte war Ted
Perry, der eine 1854 gehaltene Rede des Häuptlings im Jahr
1972 für einen Film über Ökologie kurzerhand umdichtete.

Er formulierte genau das, was eine vom schlechten Gewissen gegenüber den Indianern und der Umwelt geplagte Öffentlichkeit hören wollte: Der edle Wilde redet einer verderb-
ten Konsumgesellschaft ins Gewissen. Das klang damals
eigentlich schon zu schön, um wahr zu sein. Wissenschaftler
wussten, dass auch Brandrodung und maßlose Jagd bei Ame-
rikas Ureinwohnern durchaus üblich waren. Dies hielt die Öffentlichkeit aber nicht davon ab, die Rede für authentisch zu
halten. Aufkleber mit Seattles Mahnungen klebten bald auf
vielen Tausend Kofferräumen tiefsinniger Autofahrer.

Ja, und jetzt müssen alle ganz tapfer sein, denn inzwischen fällt ein weiterer geliebter Mythos des Zeitgeistes in
sich zusammen. Wenn verdeutlicht werden soll, wie gedan-
kenlos der Mensch den Planeten plündert und sich so die eigenen Lebensgrundlagen entzieht, tritt stets das mahnende
Beispiel der Osterinsel auf den Plan. In pädagogisch wertvoller Absicht werden »Aufstieg und Fall« der pazifischen
Insel (in heimischer Sprache Rapa Nui) erzählt.

Und das geht in etwa so: Es war einmal eine Hochkultur, die stellte viele Hundert riesige Steinköpfe auf, um den Göttern zu gefallen. Leider brauchten die Menschen zum Transport Baumstämme. Deshalb musste irgendwann die letzte Palme dran glauben, woraufhin die Kokosmilch ausging, der Boden fortgeweht wurde, die Tiere ausstarben und auch keine Fische mehr gefangen werden konnten, weil das Holz zum Schiffsbau fehlte. Das Verhängnis mündete in Bürgerkrieg und gegenseitigen Kannibalismus, worauf die Zivilisation verschwand.

Beispielsweise macht sich Jared Diamond in seinem Bestseller »Kollaps« diese Deutung zu eigen und spricht von »Ökozid«. Das zivilisationskritische Publikum hört die Metapher gerne und verzichtet auf genauere Nachfragen. Dies erledigt allmählich eine ganze Reihe von Wissenschaftlern. Die schöne Geschichte wird furchtbar gefleddert und es bleibt nur ein Gemisch von Mythen, Gerüchten, falschen Annahmen und selektiv ausgewählten Daten und Belegen übrig. In kurzen Worten lauten die neueren Erkenntnisse: Als die ersten Europäer um 1720 die Osterinsel betraten, ernährten sich die Menschen mit einer intensiven Landwirtschaft und frischem Fisch aus den reichen Fanggründen. Der Anthropologe Benny Peiser von der Universität in Liverpool sagt: »Sie hatten sich erfolgreich veränderten Bedingungen angepasst.« Zum Aussterben der Inselbevölkerung kam es erst nach der Ankunft der Europäer und zwar durch rücksichtslose Sklavenhändler und eingeschleppte Krankheiten. Die Einwohner der Osterinsel haben ihren Untergang mit großer Wahrscheinlichkeit nicht selbst verursacht. Das mag Weltuntergangspropheten und den Anhängern einer Denkschule missfallen, die die Osterinsel zum Kronzeugen für ihre Zivilisations- und Gesellschaftskritik gemacht haben. Dennoch ist es Zeit, die Einwohner von Rapa Nui zu rehabilitieren. Als abschreckendes Beispiel sind sie so wenig geeignet wie Häuptling Seattle als Vorbild.

Weniger Tote? Nein, danke!

Stellen Sie sich einmal vor, sie seien Sachbearbeiter beim TÜV und für die Genehmigung von technischen Anlagen zuständig. Eines Tages kommt ein Unternehmer mit einem neu entwickelten Kraftstoff zu Ihnen, der unsere Abhängigkeit vom Öl verringern kann. Die Substanz ist unsichtbar, geruchlos und hochexplosiv. Und sie soll direkt in Deutschlands private Haushalte geleitet werden, um dort die Energieversorgung sicherzustellen. Würden Sie die Erfindung genehmigen? Wie viele Unfalltote wären nach ihrer Meinung im Umgang damit tolerierbar? Zehn pro Jahr? Zwei? Gar keiner? Wir vermuten, dass niemand die Verantwortung für eine solche Technologie übernehmen wollte. Und doch gibt es sie längst: Erdgas. Bei Unfällen damit kommen nicht zwei oder zehn Menschen pro Jahr ums Leben, sondern weltweit viele Hundert.

Die Idee zu dieser kleinen Übung stammt von dem ABC-Fernsehjournalisten und Buchautor John Stossel. Er machte seinem Publikum damit klar, wie rätselhaft die Wahrnehmung von verschiedenen Risiken oft ist. Erdgas hatte das Glück, sich als Energieform durchzusetzen, bevor die Angst vor neuen Techniken zur gesellschaftlichen Obsession wurde. Ähnliches gilt für Flüssiggas. 1978 verbrannten nach einer Tankfahrzeugexplosion 216 Menschen auf einem spanischen Campingplatz, 1989 kostete die Explosion einer sibirischen Flüssiggasleitung 600 Menschen das Leben. Beides ist längst vergessen. Sicherheitsmaßnahmen wurden verbessert, aber die Forderung nach einem generellen Abschied von der Gaskraft gab es zu keinem Zeitpunkt. Das Misstrauen gegen Großtechnologien bündelt sich stattdessen in einem Wort: Tschernobyl.

Seit Jahren schwelt ein merkwürdiger Streit über die Zahl der Opfer. Worum geht es und welche Absichten werden damit verfolgt? Da wäre zunächst der offizielle Bericht des Tschernobyl-Forums. Dies ist eine wissenschaftliche Vereinigung aus UN-Organisationen (darunter IAEO, WHO, UNDP, UNEP) und der Regierungen der Ukraine, Weißrusslands und Russlands. Sie berichten von 56 Menschen, die bislang infolge der Strahlung gestorben sind und befürchten, dass in den nächsten siebzig Jahren weitere 4000 hinzukommen könnten. Schlimm genug. Wobei solche Schätzungen immer problematisch sind, aber immerhin bewegen sich die Hochrechnungen der über 100 Wissenschaftler des Tschernobyl-Forums auf der Basis der einzig verfügbaren Erfahrungen – nämlich der von Hiroshima und Nagasaki. Dennoch werden ihnen jetzt von Anti-Atomkraft-Aktivisten, Politikern und Medien Verharmlosung und Vertuschung vorgeworfen.

Man hat fast den Eindruck, es können gar nicht genug Opfer sein. Führende Köpfe von SPD und Grünen kolportierten Zahlen von 100 000 Toten, Greenpeace 93 000, die Aktivisten der Ärzte für die Verhütung des Atomkrieges (IPPNW) steigerten auf 264 000 Tote, der britische »Guardian« raunte gar von 500 000 Toten. Die aus dem Hut gezauberten Gegenschätzungen variieren in einer Spannbreite, die alleine schon misstrauisch macht.

Es geht bei der Auseinandersetzung auch nicht um das Ausmaß des menschlichen Leids, sondern um die Definitionsmacht: War Tschernobyl wirklich eine Katastrophe von apokalyptischer Dimension, ein »Pompeji des Atomzeitalters« (»Der Spiegel«)? Oder handelte es sich um eine schwere, aber keineswegs einmalige Industriekatastrophe – vergleichbar etwa dem Chemieunfall von Bhopal? Im ersteren Fall würde sich wohl jede weitere Diskussion über die Atomkraft erübrigen. Im zweiten Fall könnte man wieder rational Risiken verschiedener Energietechnologien abwägen. Denken wir nur an die über 6000 Kohlekumpel, die jährlich (!) alleine in chinesischen Gruben sterben – von den langfristigen gesundheitlichen Folgen der staubigen Arbeit einmal ganz abgesehen. Oder an jene 26 000 Opfer, die 1975 in der Provinz Henan bei zwei Staudammbrüchen umkamen. Ein Pompeji der Wasserkraft.

Umweltminister in drei Minuten

Regierungen kommen und gehen und mit ihnen die Umweltminister. Wir wissen nicht, wer der nächste Kandidat sein wird. Wir haben aber ein paar todsichere Tipps, die wir schon Sigmar Gabriel vor seinem Amtsantritt in einer Kolumne mit auf den Weg gaben, und sind sehr stolz darauf, dass er unsere Ratschläge nahezu 1:1 befolgt hat. Und wir glauben, dass diese Hinweise auch für künftige Anwärter nichts an Aktualität eingebüßt haben. Deshalb hier noch einmal unser seinerzeitiger Text, bei Bedarf einfach den Namen Gabriel durch einen anderen ersetzen – und schon passt es wieder:

»Der nächste Umweltminister heißt dem Stand der Dinge nach Sigmar Gabriel. Bei der Nachricht ist uns ein Stein vom Herzen gefallen. Das liegt weniger an Gabriel als an den Namen, die für dieses Amt sonst noch gehandelt wurden. Es wird gesagt, er sei ein Mann ohne Überzeugungen. Wir sagen: Und das ist gut so. Keine Überzeugungen sind nämlich besser als die falschen (insofern hat Gabriel deutlich bessere Voraussetzungen als sein Vorgänger). Ansonsten lesen wir, er sei bislang »nicht als Experte für Umweltfragen aufgefallen«, bringe »keine Befähigungsnachweise für das Amt mit« und müsste sich erst »einarbeiten«. All dies traf allerdings auch auf Joschka Fischer und Jürgen Trittin zu, bevor sie Umweltminister wurden. An Natur und Umwelt waren sie so interessiert wie Verona Feldbusch an der Rechtschreibreform. Zum »Einarbeiten« dürfte Gabriel freilich die Zeit fehlen, schließlich ist er Dauergast bei politischen Talkshows. Deshalb möchten wir ihm hier ein wenig behilflich sein. Es folgt unser Schnellkurs »Umweltminister in drei Minuten«. Wir bitten, diesen an Herrn Gabriel weiterzureichen, er wird uns ewig dankbar sein.

Lektion eins: Bei öffentlichen Auftritten genügt es, die gleichen Reden zu halten wie bisher, allerdings sollte der Begriff »soziale Gerechtigkeit« durch »Nachhaltigkeit« ersetzt werden. Beide Begriffe haben gemeinsam, dass alle dafür sind, weil jeder sich etwas anderes darunter vorstellt. Ferner gehören einige wissende Vokabeln wie »ökologischer Fußabdruck« ins Repertoire. Seien Sie öfter mal nachdenklich, so in der Art: »Wenn die Chinesen genauso viel Auto fahren würden wie wir, dann bräuchten wir zwei Planeten.« Alle werden applaudieren, außer den Chinesen, aber die sind ja weit weg. Artikulieren Sie stets die »Sorge um künftige Generationen und deren Lebensgrundlagen«. Als gewesener Popbeauftragter wissen Sie vermutlich, dass die Lebensgrundlagen von Zehnjährigen ganz wesentlich aus der neuesten Version des iPod bestehen. Aber behalten Sie das um Gottes willen für sich! Grundsätzlich keine Scherze zu Umweltthemen, sie könnten religiöse Gefühle verletzen.

Damit sind wir bei Lektion zwei: Als Umweltminister sind Sie in dieser Republik zugleich ein religiöses Oberhaupt. Verinnerlichen Sie die wichtigsten beiden Glaubensbekenntnisse: Keine Atomkraft und keine Gentechnik! Ihre erste Äußerung als designierter Umweltminister verrät bereits ein gewisses Naturtalent:»Einen Wiedereinstieg in die Kernenergie wird es mit der SPD nicht geben.« Hiermit haben Sie bereits die Zuneigung von Großreligionen wie»Greenpeace« und landeskirchlichen Gemeinschaften wie dem»BUND« erobert. Beschließen Sie Ihren Amtseid zusätzlich mit der Formulierung»So wahr mir das Kyoto-Protokoll helfe«. Rhetorisch sind Sie damit für eine vierjährige Amtszeit ausreichend gewappnet. Ach ja, und meiden Sie unbedingt konkrete Umweltprobleme (wie z. B. die Überdüngung der Böden). Das interessiert niemanden, außer der Umwelt.

Achten Sie darüber hinaus auf Ihren Umgang. Machen Sie unbedingt einen Antrittsbesuch bei Vandana Shiva und Wangari Maathai, das signalisiert globales Denken und ethnische Sensibilität. Loben Sie Ihre Gesprächspartnerinnen als»mutige Querdenkerinnen« und»mahnende Stimmen«. Die Unternehmerseite decken Sie mit Lichtgestalten wie dem Biokarotten-Multi Klaus Hipp ab. Arbeiten Sie dringend an Ihrer Mimik, sie wirkt derzeit noch ein wenig unbeschwert (mehr Stirnrunzeln!). Am besten, Sie nehmen etwas Schauspielunterricht in Hollywood beim Weltuntergangsexperten Roland Emmerich.

Dritte Lektion: Ihre ersten Erfolge sind zwangsläufig. Sollte der kommende Winter mild und zu warm werden, dann ist das eine Folge der globalen Erwärmung. Wenn die Deutschen deshalb dann weniger Heizöl verbrennen, melden Sie dies als Erfolg ihrer kompromisslosen Klimaschutzstrategie:»Deutschland vorbildlich auf dem Kyoto-Pfad«. Wird der Winter kalt und streng, ist auch das eine Folge der globalen Erwärmung. Überspielen Sie den kleinen logischen Kurzschluss mit der Formulierung von»zunehmenden Wetterextremen« und fordern, energisch den Beitritt der USA zum

Kyoto-Abkommen. Das hat inzwischen eine gewisse folkloristische Tradition und gefällt den Deutschen immer. Kreuzen Sie sich dafür den nächsten Weltklimagipfel an. Warnen Sie dort eindringlich vor einem steigenden Meeresspiegel. Darauf lässt sich garantiert oben schwimmen.

Warme Liste

Wer sich die offiziellen Temperaturstatistiken der großen Forschungseinrichtungen wie der britischen »Climate Research Unit« (CRU) anschaut, ist leicht verblüfft. Pssssst: Die globale Erwärmung hat irgendwie ein Päuschen eingelegt. Seit 2001 ist der Planet nicht mehr wärmer geworden, die Temperaturen stagnieren auf hohem Niveau. Von einer dramatisch zunehmenden Erwärmung kann bis einschließlich 2007 nicht mehr die Rede sein, ganz entgegen dem von den Medien vermittelten Bild. Bei der britischen Climate Research Unit, die Jahr für Jahr die Globaltemperatur ermittelt, spricht man von einer »Seitwärtsbewegung« der Temperaturen, was erziehungstechnisch natürlich äußerst kontraproduktiv ist.

Widmen wir uns deshalb dem unablässigen Strom der Hiobsbotschaften, die ein globales Heer von Forschern und Funktionären mittlerweile am Fließband produzieren und unters Volk bringen. Wir haben hier einmal die schönsten Exemplare aus unserer Katastrophen-Kollektion zusammengestellt und um Beispiele aus der Sammlung der britischen Internetseite »Numberwatch« ergänzt. Unsere »warme Liste« beweist endgültig, dass es auf dem Planeten eigentlich nichts mehr gibt, woran der Klimafrevel des Menschen nicht schuld ist (vorausgesetzt man macht die Kausalkette lang genug). Falls Sie heute also in Ihr Auto steigen, dann kann das nach Ansicht seriöser Wissenschaftler zu folgenden Konsequenzen führen:

Abriss des Golfstroms, Aggressivität (beim Eisbären), Ahornsirup-Verknappung, Algenblüte, Angstzustände (beim Menschen), Asthma, Ausgrabungs-Gefährdung im Nildelta, Aussterben (von Elefanten, Forellen, Fröschen, Gorillas, Holzläusen, Lachsen, Marienkäfern, Orang-Utans, Pandas, Pinguinen, Schildkröten, Tigern, Walen, Wildblumen), Aussterben einer Million Tier- und Pflanzenarten, Ausweitung der Tropen, ansteigende Flusspegel, austrocknende Flüsse, Bewölkungsabnahme, Bewölkungszunahme, Blattwerk-Zunahme, Cholera, Dengue-Fieber, Dürren, Eiszeit (nächste), El-Niño-Zunahme, Erdbeben, Erdflattern, Erdtrudeln, Erdverdunkelung, Erdrutsche, Erdrutsche mit 200 km/h, Erosion, Evolutionsbeschleunigung, fallende Immobilienpreise durch Bausaison-Verlängerung, Feuchtigkeitsabnahme, Feuchtigkeitszunahme, Fischbestandabnahme, Flüchtlingswellen, Frosteinbrüche, Frühjahr früher, Fruchtbarkeitsabnahme (beim Menschen), Gelbfieber, Gewichtsabnahme (bei Eisbären), Getreideernte steigt, Getreiderente sinkt, Gletscher-Rückzug, Globale Abkühlung, Hantaviruserkrankungen, Hautkrebs, Heuschnupfen, Hitzewellen, Infektionszunahme, Inselüberflutungen, Juckreiz, Kannibalismus (bei Eisbären), Kältewellen, Korallenbleiche, Hamburg mit Mittelmeerklima, Hamburg unter dem Meeresspiegel, Herbstlaub-Farbtonverschiebungen, Kriege ums Wasser, Krill-Abnahme, Lawinen, Luftdruckveränderungen, Luftverschmutzung, Malaria, Massenunruhen, Meeresentsalzung, Meereswellenwachstum, Meeresversauerung, Methanausbrüche, Migration, Milliarden von Toten, Miesmuschelplage, Mount-Everest-Schrumpfung, Mückenplage, Ozonschwund, Ozonzunahme, Pilzinvasion, Polkappen schmelzen ab, Polkappen nehmen zu, Planktonblüte, Planktonverlust, Pollenplage, Quallenplage, Rift-Valley-Fieber, Regenabnahme, Regenzunahme, Salmonellenbefall, Schneeabnahme, Schneestürme, Schneezunahme, Selbstmord (bei Eisbären), Schlammlawinen, singfaule Amseln, Skiliftsterben, Smog, Steinschlag, steigende Bananenpreise, steigende Meeresspiegel, steigende Staatshaushalte, steigende Versicherungsprämien, Strandsterben, Sturmzunahme, Sturmabnahme, Terrorismus, Tintenfischvermehrung, Tod durch Ertrinken (bei Eisbären), Tourismusboom an der Ostsee, Tsunamis, Temperaturerhöhungen bis 2100 um 1,9 bis 3,5 Grad, um 1,4 bis 5,8 Grad, um 1,9 bis 11,2 Grad, Tod vernachlässigter älterer Menschen in der französischen Urlaubssaison, Überflutungen, Weinbauernsterben in Frankreich, Vegetationszunahme in borealen Zonen, Venedig-Untergang, Verschiebung der Kontinentalplatten, verregneter Mai 2050 in Berlin, Viruserkrankungen, Vulkanausbrüche, Waldbrände, Waldrückgang, Waldzunahme, Wanderwegerosion, Wasserkraft-Knappheit, West-Nil-Virus, Weltbankrott im Jahr 2065, Winter wärmer, Winter länger und kälter, Winterschlaf-Verkürzung, Winterschlaf-Verlängerung (bei Tieren), Wolkenglühen, Wüsten-Artensterben, Wüsten-Rückgang, Wüsten-Zunahme, Zusammenbruch der Dolomiten.

Wettlauf der Angsthasen

Erinnert sich noch jemand an BSE, an brennende Rinderscheiterhaufen und bange Fragen in der Metzgerei? Es ist ruhig um die Tierseuche geworden, die befürchtete Massenübertragung auf den Menschen blieb zum Glück aus. Doch das Problem hat sich nicht erledigt. Aber dies könnte bald der Fall sein: Eine internationale Forschergruppe zerstörte unlängst in Rinderzellenkulturen das Gen für Prionen und klonten daraus zwölf Rinder. Das Prionen-Protein im Gehirn gilt als Einfallstor für die Krankheit. Deshalb sind die neuen Tiere wahrscheinlich resistent gegen BSE. Bedauerlicherweise dürfte diese Lösung den üblichen Anwälten der Volksgesundheit überhaupt nicht schmecken. Gentechnik? Geklonte Rinder? Gott bewahre! Dann lieber der gute alte Rinderwahnsinn!

Dieses Reaktionsmuster verrät auch einen gewissen Wahnsinn und er hat Methode: Kaum empfiehlt jemand eine neue technische Lösung für ein Problem, erhebt sich die Stimme derjenigen, die vor der Lösung noch mehr Angst haben als vor der Bedrohung, die beseitigt werden soll. Es mangelt ja nicht an Beispielen: Wir haben Angst vor der Atomkraft, folglich werden die Atomkraftwerke abgeschaltet. Gleichzeitig haben wir Angst vor der globalen Erwärmung, warum auch Kohlekraftwerke Angst machen. Deshalb wurden fast 20 000 Windkraftanlagen gebaut. Die liefern Strom, wenn der Wind weht, aber nicht unbedingt, wenn er gebraucht wird. Und sie stehen logischerweise dort, wo es stürmt und bläst, und meist nicht dort, wo Industrie und Verbraucher siedeln. Aus beiden Gründen müssen dringend neue Hochspannungsleitungen gebaut werden, um den Strom zu transportieren und die unregelmäßige Belastung ausgleichen zu können.

Doch haben wir auch Angst vor Elektrosmog. Deshalb ziehen oft die gleichen Bürger, die den Ausbau der Windenergie forderten, jetzt gegen die erforderlichen Leitungen zu Felde. Nun heißt die Parole: Aus den Augen, aus dem Sinn. Die Leitungen sollen unterirdisch verlegt werden, was sie bis zu zehnmal verteuert und die Windkraft noch unwirtschaftlicher macht. Die Windräder könnten ja durchaus eine sinnvolle Ergänzung zum Energiemix beitragen. Besonders an der windreichen Nordseeküste. Doch auch die Besitzer der dortigen Ferienhäuser haben Angst. Und zwar um ihre Aussicht: Deshalb müssen Offshore-Windparks 40 bis 80 Kilometer vor der Küste gebaut werden. Dort ist das Wasser bis zu 40 Meter tief. Der Aufwand für Fundamente und spätere Wartung explodiert. Zumal der Amtsschimmel auch auf hoher See wiehert. So muss – es könnte ja ein Schiffbrüchiger in der Nähe auftauchen – jedes Windrad mit einem Rettungsraum versehen werden. Was zu neuen Ängsten führt: Die Geretteten könnten sich über Bord erleichtern und den marinen Lebensraum verschmutzen. Deshalb muss ein solches Offshore-Windrad mit einer Toilette ausgestattet sein. Kostenpunkt pro Rettungs-WC: etwa 100 000 Euro.

Weil wir Angst um unsere Energieversorgung und das Klima haben, erblühen nicht nur Windräder, sondern auch Raps- und Maisfelder bis zum Horizont. Die europäische Union fördert massiv den Anbau von nachwachsenden Rohstoffen. Sie fördert damit automatisch den Einsatz von Pestiziden, um die großen Monokulturen vor Schädlingen zu schützen. Dies lässt einen munteren Angstwettlauf erwarten. Preisfrage: Was erschreckt uns mehr? Die Angst vor einer Energiekrise, der globalen Erwärmung, dem Schwinden der Artenvielfalt oder der Vergiftung durch Pestizide? Nun gäbe es eine salomonische Lösung: Die Nutzung gentechnisch veränderter Pflanzen, die gegen wichtige Schädlinge resistent sind. Doch davor haben wir noch mehr Angst.

Immer neue Vorschriften gegen immer neue Ängste verknoten sich zu einem unentwirrbaren Knäuel und führen nicht zu mehr Sicherheit für die Bürger, sondern zur Produktion von immer mehr Unsinn. Die daraus resultierende Selbstblockade wird allmählich zum Prinzip und schafft genau jene Verhältnisse, die man eigentlich verhindern wollte. Beim Wettlauf der Angst können alle nur verlieren.

Puuhhh, hat das gedauert. Der Waldschadensbericht soll künftig allenfalls noch alle vier Jahre erscheinen. Im Klartext heißt das wohl: Das Waldsterben mitsamt einer darum erblühten Bürokratie wird still und leise beerdigt. Endlich. Es ist eine schöne Vorstellung, dass sachliche Argumente und rationales Verhalten sich im gesellschaftlichen Diskurs, in der Berichterstattung der Medien und schließlich auch im politischen Entscheidungsprozess durchsetzen. Wer daran glaubt, braucht allerdings einen langen Atem und ziemlich viel Geduld.

Ein Griff in unser Archiv fördert zutage, dass alle für die Beisetzung des Waldsterbens notwendigen Fakten schon vor über zehn Jahren auf dem Tisch lagen. Es war klar, dass es zwar regionale Waldschäden gab, bei denen Luftverschmutzung eine Rolle spielte (die durch die Großfeuerungsanlagen-Verordnung von 1983 beseitigt wurden). Es gab aber nie ein flächendeckendes Waldsterben. Selbst zur Zeit der größten Hysterie hatte der Wald zugenommen. Vor allem war bereits klar, dass der Waldschadensbericht ungeeignet ist, den Gesundheitszustand des Waldes zu beschreiben. Er orientiert sich an Blätter- und Nadeldichte, die starken natürlichen Schwankungen unterworfen sind.

Jetzt ist mit dem sinnlosen Ritual also Schluss. Wobei niemand das auch offen und ehrlich sagt. Stattdessen läuft die Operation Gesichtswahrung. Anstatt die ökologischen Fakten anzuführen, ist von Bürokratieabbau und Verwaltungsvereinfachung die Rede. Das kommt besser an als die Botschaft, dass einige hundert Millionen Euro für die Jagd nach einem Phantom ausgegeben wurden. Na gut, so läuft es eben bei der Revision ökologischer Irrtümer.

Die Chronik ist stets die gleiche. Die ersten Kritiker werden als pathologische Leugner, Zyniker und von der Industrie bezahlte Betonköpfe geschmäht. Sobald die wissenschaftlichen Fakten mit dieser Methode nicht mehr vom Tisch gewischt werden können, kommt das »Silence Treatment«. Die neuen Erkenntnisse werden schlicht ignoriert. Erst wenn sie sich absolut nicht mehr ignorieren lassen, wird auf leisen Sohlen der Rückzug angetreten. Ein ehrliches Eingeständnis von faktischen Irrtümern erfolgt so gut wie nie, schließlich soll das alarmistische Gesamtgebäude aufrechterhalten bleiben. Motto: Prinzipiell könne natürlich »keine Entwarnung« gegeben werden.

Fassen wir uns also weiterhin in Geduld mit unserem Glauben an die Macht der Fakten, die Lage ist durchaus nicht hoffnungslos. So weisen Malaria-Fachleute seit langem darauf hin, dass Verbot und Verteufelung des Pestizides DDT Millionen Menschen in den Entwicklungsländern das Leben kostet. In kleinen Mengen in den Häusern angewendet, tötet DDT die krankheitsübertragende Anopheles-Mücke. Nach über einem Jahrzehnt korrigiert die Weltgesundheitsorganisation ihre Einstellung und will DDT wieder zum Bestandteil der Malariabekämpfung machen. Im deutschen Entwicklungshilfe-Ministerium von Heidemarie Wieczorek-Zeul will man das noch nicht wahrhaben und setzt weiter auf alternative Moskitonetze, die sich in der Praxis leider als ziemlich unwirksam erwiesen haben. Warten wir noch ein paar Jahre, auch die deutsche Anti-Pestizid-Ideologie wird irgendwann unter dem Druck der Fakten still eingepackt und das DDT noch stiller ausgepackt werden.

Genau wie in der DDT-Frage leidet die Bundesregierung auch mit dem Atomausstieg unter zunehmender internationaler Vereinsamung. Frankreich baut die Atomenergie weiter aus, England besinnt sich ebenfalls wieder auf Atomkraft. Die Finnen bauen bereits an einem neuen AKW, und die Schweden haben den Ausstieg schon mal auf Eis gelegt.

Klimaschutzversprechungen und steigende Energiepreise schaffen weitere Fakten. Mal sehen, wie lange der Beschluss zur vorzeitigen Abschaltung deutscher AKWs noch Bestand hat. Könnte gut sein, dass auch hier eine äußerst stille Beisetzung vorbereitet wird.

Kein Wald für Öl

Jede Epoche hat ihre weihevollen Wörter. Früher einmal benutzte man das Adjektiv »christlich«, um einem Vorhaben mehr Renommee zu verschaffen, »christliche Seefahrt« beispielsweise. Später musste alles, was Ansehen genießen wollte, »kaiserlich« sein. Wieder etwas später galt »deutsch« als semantisches Gütesiegel. In der DDR schmückte man Institutionen wie Armee und Polizei mit der Vorsilbe »Volks-«, um sie attraktiver erscheinen zu lassen. Heute kann man »bio« oder »öko« an jeden beliebigen Begriff kleben, und schon erstrahlt er im Glanze höherer Moral. Gilt ein Produkt oder ein Verfahren als irgendwie »öko«, fragt kein Mensch mehr, ob tatsächlich ein Vorteil für die Umwelt dabei herauskommt. Der Ökologe Josef H. Reichholf hat eindrucksvoll beschrieben, wie »Renaturierung« von Kiesgruben seltene Arten vernichtete, die sich dort angesiedelt hatten. Oder wie die extreme Reinigung von Flusswasser der Natur schadet, weil wichtige Nährstoffe plötzlich fehlen. Auch das Recycling von Plastikverpackungen gilt als »öko«, obwohl dabei oft mehr Energie hineingesteckt als gespart wird. Ebenso der Biolandbau, der viel mehr Fläche verbraucht als die konventionelle Landwirtschaft.

Was die Pauschaletiketten »öko« oder »bio« meinen, bleibt oftmals im Nebel des Ungefähren. Bei Betrachtung der Fakten werden rasch Zielkonflikte sichtbar: Energie sparen, Natur schützen, Gesundheit fördern, Recyceln, Luft und Wasser rein halten oder Ressourcen schonen: Alles ist irgendwie »öko«, die Maßnahmen können sich aber diametral widersprechen.

Derzeit sind die Biokraftstoffe im Fokus der Öffentlichkeit. Eine breite Koalition aus Bauernverband, Autoindustrie, Energiewirtschaft und sich »grün« redenden Politikern preist den Energieträger Biomasse als Patentrezept gegen die Klimaerwärmung an. Doch das Erstaunliche: Die Diskussion läuft anders als sonst. Trotz der schicken Vorsilbe wird der Sprit vom Acker nicht kritiklos abgenickt, es gibt auch viel Widerspruch. Das Für und Wider wird ohne Moralkeule diskutiert – und das ist gut so. Bei den meisten Umweltthemen der Vergangenheit hat so ein Wettbewerb der Argumente nie stattgefunden. Sie waren vom ersten Tag an moralisch festgezurrt. Wer Kritik vorbrachte, galt als Umweltfeind.

Dass es diesmal anders läuft, ist wahrscheinlich dem WWF und anderen Naturschutzorganisationen zu verdanken. Denen wurde mulmig, als sie bemerkten, dass für Biokraftstoffe Tropenwälder gerodet werden. In Malaysia und Indonesien muss der Urwald immer neuen Ölpalmplantagen weichen. Geht der Palmöl-Boom weiter, bekundet der WWF, droht das Aus für die einmalige Fauna der südostasiatischen Regenwälder. Vor lauter Klimapanik brennen wir den Lebensraum der Orang-Utans und anderer seltener Tiere ab. Der alte Werbespruch »Pack den Tiger in den Tank« gilt jetzt wortwörtlich.

Aber auch im eigenen Land wird der Biosprit-Boom kniffflige ökologische Fragen aufwerfen. Denn Holz wird nun wieder – wie in längst vergangenen Zeiten – zu einem wichtigen Energieträger. Nun haben die Ökologen und Naturschützer uns mühevoll beigebracht, dass leer gefegte Stangenwälder artenarm sind und dass Totholz eine wichtige Funktion im Ökosystem Wald einnimmt. Nicht nur Spechte und Fledermäuse, sondern auch ein Viertel der in Deutschland lebenden Käferarten und die Mehrzahl der Wildbienen sind darauf angewiesen. Wenn also demnächst wieder jeder umgefallene Baum als wertvoller Energieträger aus dem Wald gezogen wird, würde das vielleicht die CO_2-Emission drosseln, aber gleichzeitig die Artenvielfalt reduzieren.

Was tun? Derzeit konkurrieren mindestens vier unterschiedliche technische Verfahren zur Treibstoff- und Energiegewinnung aus Pflanzenmasse. Es ist noch nicht ausgemacht, ob es auf Raps, Mais, Zuckerrohr, Holz oder was auch immer hinausläuft. Wir freuen uns über die ungewöhnlich sachliche Diskussion, denn Wettbewerb ist immer vorteilhaft, nicht nur im ökonomischen Sinne, sondern auch im ökologischen.

Rettet die Nacht!

In unserer Kindheit wurde der Weihnachtsbaum noch mit Wachskerzen bestückt, was sehr romantisch, leider aber auch feuergefährlich war. Weihnachtsbrände ebneten der elektrischen Lichterkette den Weg ins deutsche Wohnzimmer. Den letzten Widerstand beseitigten Anfang der neunziger Jahre schrille Schlagzeilen zur Adventszeit: »Dioxin in Weihnachtskerzen!« Woraufhin sich auch der technophobe Teil der Bevölkerung vom tückisch flackernden Kerzlein verabschiedete. Doch auch die elektrische Pracht, die mittlerweile allüberall entfaltet wird, hat nicht nur Freunde. Das Wort von der »Lichtverschmutzung« geht um.

Manch private Fassade leuchtet zur Weihnachtszeit inzwischen wie Karstadt-Mitte, Sterne blinken um die Wette und bunte Lichterschlangen klettern Regenrinnen empor. Beim nächtlichen Anflug auf den Augsburger Flughafen konnten wir das Anwesen eines besonders dekorationswütigen

Nachbarn mühelos aus 600 Metern Höhe identifizieren. Der leuchtende Kitsch mag durchaus die Grenzen bürgerlicher Ästhetik überschreiten, das Gleiche gilt aber auch für Kunstausstellungen oder Theateraufführungen – und die machen das mit Absicht. Ein Grund, den Verfall der Sitten zu beklagen, ist die Lichtorgie also kaum.

Und doch formiert sich Widerstand, nicht nur zur Weihnachtszeit. Lichtschutzaktivisten und Behörden treten auf den Plan, weil unsere Städte durch Verkehr, Reklame und angestrahlte Baudenkmäler immer heller werden. Licht, das unkontrolliert in die Umgebung abstrahlt, wurde wie Lärm und Abgase gleichsam als Schadstoff im Bundes-Immissionsschutzgesetz aufgenommen. »Die Leute werden in puncto Licht immer sensibler«, berichtet ein Mitarbeiter des Münchner Umweltreferates, und eine Veröffentlichung des BUND fragt: »Planet Erde in der Kunstlichthülle?«

Teilweise ist an der Kritik durchaus was dran. Jemandem, dem die Aral-Großtanke unmittelbar ins Schlafzimmer strahlt und die Lagerstatt samt Ehefrau in nächtliches Blau taucht, beschwert sich irgendwie zu Recht. Auch die Verärgerung der Astronomen ist verständlich. Sie müssen immer weiter raus aufs Land, um ungestört den Himmel beobachten zu können. Besonders störend werden die sogenannten Skybeamer empfunden, die von Discos wie Flakscheinwerfer in den Himmel strahlen.

Man kann es sicherlich mit dem Licht übertreiben, mit dem Widerstand dagegen aber auch. »Energievergeudung«, »Störung und Vernichtung von abend- und nachtaktiven Tieren«, »Landschaftsentstellung und Überstrahlung des nächtlichen Sternenhimmels«, fasst ein Antilichtaktivist das Vorwurfspektrum zusammen. Weshalb die Ausweisung von »großflächigen Gebieten als Dunkelzonen« empfohlen wird. Nun herrscht in Deutschland kein Mangel an Dunkelheit: Wer einmal nachts mit der Bahn von Hamburg nach Berlin fährt, wärmt sich an jeder einsamen Laterne in der rabenschwarzen Dunkelzone.

Während die einen sich im Sommer über jede Stechmücke freuen, die im beleuchteten Insektenfänger verbruzzelt, haben die anderen sich deren nachhaltigen Schutz auf die Fahnen geschrieben. So seien Insekten, die sich auf beleuchteten Flächen absetzten, eine »besonders leichte Beute für ihre Feinde«. Zu diesen Feinden gehören die Fledermäuse, die in Sommernächten Straßenlaternen als Imbissbuden nutzen. Insektenrettung versus Fledermaushilfe: Der Naturschutz hat es nicht leicht.

Während das Thema in Deutschland erst kommt, ist es woanders schon ganz oben auf der Agenda. Als die Raumfähre Endeavour vor einigen Jahren am nächtlichen Himmel über Australien aufleuchtete, gaben sich die dortigen Grünen empört: »Sind wir die letzte Generation, die zu einem natürlichen Himmel heraufschaute? Wer hat die Menschen gefragt, die Poeten und die Liebenden?« Lassen wir posthum den deutschen Dichter Martin Greif (»Sternennacht«) antworten:

Ein jeder Stern an seine Stelle
Oh welche hehre Pracht!
Der Himmel strahlt in Zauberhelle,
Und doch ist tiefe Nacht.

Generation Pausewang

In Deutschland fasst man den Zeitgeist vergangener Tage gern in »Generationen« zusammen. So werden unschuldige Menschen als »Flakhelfer«, »Trümmerfrau« oder »Achtundsechziger« eingetütet, die keine Ahnung haben, wie man eine Flugabwehrkanone bedient, alte Ziegelsteine wieder brauchbar macht oder fernsehgerecht auf dem Kurfürstendamm marschiert.

Heute möchten wir mal einer Generation danken, deren Verdienst um unser Land vielfach unterschätzt wird. Wir meinen die 30- bis 40-Jährigen. Diese nun nicht mehr ganz jungen Menschen werden unter dem irreführenden Label »Generation Golf« als verwöhnte Weicheier, oberflächliche Konsumidioten und nur an ästhetischen Kategorien interessierte Schnösel charakterisiert. Ehrlich gesagt, haben wir dieses Vorurteil auch eine Weile gepflegt. Wir waren von unserer generationstypischen Arroganz verblendet, da wir sozusagen zum Schwanz der Achtundsechziger gehören (die Schüler, die den Studenten hinterherrannten und dann in den Siebzigern noch ausgiebig Achtundsechzig spielten). Was soll nach der Weltrevolution noch kommen, auch wenn die Barrikaden nur Theaterkulissen waren?

Doch im Gegensatz zu uns Großmäulern haben die Jüngeren wirklich gelitten – still und tapfer gelitten. Wer aus dieser Generation als Schüler keine Depressionen bekam, musste sehr stark sein. Wir motzten unsere Pauker gern zu Autoritäten auf, um den eigenen rebellischen Ruhm zu mehren. Doch in Wirklichkeit wussten sie und wir, dass sie eine aussichtslose Abwehrschlacht führten. Ganz anders bei der nächsten Generation: Da hatten die Lehrer eine Mission, die sie den Kindern und Jugendlichen zäh und unbeirrbar einimpften. Nein, sie predigten nicht mehr die Weltrevolution (die war irgendwie abhandengekommen), sondern seit Anfang der achtziger Jahre den Weltuntergang. Auf diese Mission konnten sich Rechte und Linke, Christen und Atheisten im Lehrerzimmer verständigen.

Wie kommen wir gerade jetzt darauf? Das hat mit zvab.com zu tun, dem wundervollen Internetantiquariat.

Dort bestellten wir kürzlich ein kleines Taschenbüchlein von 1989: »So soll die Welt nicht werden – Kinder schreiben über ihre Zukunft«. Einige damals prominente Weltdeuter kommentierten die Kinderaufsätze, darunter Gudrun Pausewang. Pausewang, dieser Name hat für die heute 30- bis 40-Jährigen einen Klang wie für uns Ton Steine Scherben: der Zeitgeist in Person. Fast jeder aus dieser Generation kennt eine Pausewang–Geschichte und erinnert sich, wie er in der Schule mit Pausewang gequält wurde. Die Werke der Lehrerin aus dem hessischen Schlitz gehörten in den Achtzigern zur Schulausstattung wie der Diercke-Weltatlas. Sie handeln vom kommenden Ost-West-Krieg, dem baldigen Atomtod, der verseuchten Umwelt und der Verelendung der Dritten Welt.

»Wir haben unsere Umwelt ja jetzt schon so gut wie vernichtet.« »Es wird sicher keine gute Zukunft geben.« »Nichts als Müll und Abgase.« Dieser Ton zieht sich 143 Seiten durch die Texte und Bilder unseres antiquarischen Büchleins. Die beklemmende Sammlung kindlicher Zukunftsangst stammt nicht etwa aus einer Ökopostille oder von grünen Aktivisten. Sie entstand durch einen Schreibwettbewerb der IG Metall. Man kann also davon ausgehen, dass die Beiträge nicht irgendwie grün gefiltert wurden, sondern einen realistischen Querschnitt kindlicher Weltwahrnehmung im Jahr 1989 darstellen: das Resultat eines Jahrzehnts Pausewang'scher Erziehung. Zur Erinnerung: 1989 war das freudigste Jahr in der deutschen Geschichte! Und was erzählte man den Kindern: Die Welt geht unter. Ein unglaublicher Grad geistiger Verwirrung.

Liebe Schüler von damals. Wir danken euch, dass ihr größtenteils völlig normal geworden seid. Dass ihr arbeitet, inzwischen Verantwortung tragt und Kinder in die Welt gesetzt habt – und oft bessere Laune habt als die vor euch. Gegen all den Irrsinn, den man euch eingetrichtert hat. Ihr seid Helden.

Kapitel 6

Hören und Sagen

Zwei plus zwei

Wie viel ist zwei plus zwei? Nach dem, was wir in der Schule gelernt haben, heißt das Ergebnis: vier. Nun gibt es bestimmt jemanden, der behauptet: Zwei plus zwei sei fünf. Man sollte meinen, so einer würde als hoffnungsloser Fall in der Versenkung verschwinden. Stattdessen taucht er garantiert in einer Talkshow auf. Nehmen wir mal als Beispiel Norbert Blüm. Der predigte über Jahrzehnte »Die Rente ist sicher.« Genauso gut könnte er sagen: 2+2=5. Es ist sein gutes Recht, das zu behaupten. Wir haben auch nichts dagegen, dass rechenschwache Minderheiten in Presse, Funk und Fernsehen zu Wort kommen. Jeder darf in diesem Land die Gesetze der Mathematik oder der Schwerkraft infrage stellen – wir wünschen einen angenehmen Flug.

Uns verstört etwas anderes: ein neuer Typus von Medienschaffenden, der sich als besonders offen und unideologisch versteht und den Anschein erweckt, souverän über den Dingen zu stehen. Über die Frage, ob 2+2 nun 4 oder 5 ergibt, können diese Zeitgenossen nur müde lächeln. Sie wundern sich lediglich, wie erbittert über »Für und Wider« gestritten wird. Sie mokieren sich über »ideologische Grabenkämpfe« oder »Auseinandersetzungen von gestern«. Eine eigene Meinung haben sie nicht, keine Überzeugung und auch kein Anliegen.

Dabei kommen dann beispielsweise Fernsehsendungen mit Titeln heraus wie: »2+2=4 oder 2+2=5? Chancen und Risiken zweier Wissenskulturen«. Man sieht den Talkmaster oder die Talkmasterin förmlich vor sich, wie sie mit besorgter Miene die Frage stellt: »Zwei plus zwei gleich vier – haben wir es hier nicht mit der totalen Unterordnung unter die Gesetze der Mathematik zu tun? Wo bleibt der Mensch?« Egal ob es um Rente, Wunderheiler oder Gentechnik geht: Das Ziel der Ausgewogenheit und das journalistische Gebot, in Streitfällen immer auch die Gegenseite anzuhören, werden zur vollkommenen Beliebigkeit weiterentwickelt. Man gibt den neutralen Schiedsrichter zwischen zwei gleichwertigen Mannschaften – selbst wenn es sich um Bombenleger und Anschlagsopfer handelt. Völlig losgelöst von Fakten, Naturgesetzen oder ethischen Grundsätzen ist plötzlich alles gleich wahr. Es gibt Leute, die halten das allen Ernstes für liberal.

In vielen Medien macht sich damit eine Entwicklung breit, die sonst vollmundig der Politik vorgeworfen wird: kein geistiges Fundament zu haben, von dem aus man erkennbar agiert. Die meisten Politiker wissen durchaus, dass 2+2=4 ist. Sie halten die Formel allerdings politisch nicht für durchsetzbar. Kalte Mathematik gibt keine Mehrheiten (siehe Blüm). Deshalb haben sie allerhand Alternativen zum Kopfrechnen gefunden. Im Felde der Politik heißt die Talkshow »Dialog mit dem Bürger« oder neudeutsch auch »Beteiligung der Stakeholder«. Dies stellt in der Regel sicher, dass nicht derjenige obsiegt, der die Fakten auf seiner Seite hat, sondern derjenige, der Mitgefühl mobilisieren und seine Interessen geschickt organisieren kann. Sehr beliebt sind auch staatlich verordnete »Diskurse« oder das Verfahren der gesellschaftlichen »Mediation«. Dabei geht es in erster Linie darum, dass die 2+2=4-Fraktion großen Respekt vor der 2+2=5-Fraktion bekundet und verspricht, ihre Sorgen und Ängste ernst zu nehmen. Wehe, wer da nicht mitmacht. Beamte in staatlichen Forschungseinrichtungen, die in Streitfragen darauf bestehen, dass wissenschaftliche Erkenntnisse gewichtiger sind als diffuse Ängste, müssen damit rechnen, kaltgestellt zu werden – und dies unabhängig von der parteipolitischen Ausrichtung der jeweiligen Regierung. George Orwell formulierte es einst so: »Freiheit ist die Freiheit zu sagen, das zwei und zwei vier ist. Wenn das gewährt wird, folgt alles Weitere.«

BKA, Beirut, Babelsberg

Tatort Köln. Unerschrockene BKA-Fahnder mit Kapuzen oder dunklen Sonnenbrillen tragen Kartons mit wichtigem Beweismaterial aus der Wohnung eines Terrorverdächtigen. Eine Szene, wie sich der vom Abendkrimi verwöhnte Fernsehzuschauer so einen Antiterroreinsatz vorstellt. Und weil das Bundeskriminalamt sich das offenbar auch so vorstellt, wie die Leute sich das so vorstellen, wollte man dem Geschmack des Publikums und der Fotografen ein wenig entgegenkommen. Die Kartons waren nämlich leer und wurden kurz darauf ins Haus zurückgetragen. »BKA inszeniert Razzia-Show«, schrieb die »Bild«-Zeitung.

Ein bisschen Show muss offenbar sein. Wenn es einen Beruf mit Zukunft gibt, dann ist es der des Laiendarstellers. Vogelgrippe? Dann muss die Feuerwehr mit Blaulicht und Schutzanzügen ausrücken, was zwar schwachsinnig ist, aber sehr hübsche Bilder für Fotografen und Kameramänner ergibt. Besonders gut gefallen hat uns die Aufnahme eines vollkondomisierten Helfers, der eine verendete Ente in einen Plastiksack stülpt. Er ist dicht umgeben von einem Dutzend vollkommen ungeschützter Fotografen, für die offenbar keinerlei Gefährdung besteht. Hübsch sind auch die Greenpeace-Aktivisten, die in deutschen Gentechnik-Versuchsfeldern unter Atemmasken ihr Leben riskieren, während die immer gleiche Fotografenhorde in Straßenkluft hinterherstapft und sich seit Jahren bester Gesundheit erfreut.

Ein wenig problematisch ist diese Methode nur, wenn ein Fotoreporter mal aus Versehen einen etwas größeren Bildausschnitt wählt. So gibt es eine mitreißend dynamische Aufnahme von einem wütenden Globalisierungsgegner, der beim WTO-Gipfel in Cancún einen Stein gegen die repressiven Staatsorgane schleudert. Das Foto zierte viele Gazetten, denn so sieht der Kampf der Unterdrückten aus. Auf dem größeren Bildausschnitt sind dann die näheren Umstände zu erkennen. Allerdings gehören dazu weder die vermeintliche Staatsgewalt noch der Kampf gegen Unterdrückung. Stattdessen umzingelt eine Vollversammlung von Fotografen den einsamen Steinwerfer, der exklusiv für die Weltpresse den Entrechteten mimt.

Wirkliches Weltniveau bei der Ausbildung von Laiendarstellern haben inzwischen die Palästinensergebiete erreicht. Nachdem die Medienvertreter auf den ihnen zugewiesenen Fotospots eingetroffen sind, lassen sich wie auf Knopfdruck Wut, Trauer und Betroffenheit abrufen. In Fachkreisen heißt die Region inzwischen »Pallywood«. Sie wird allseits wegen der Zuverlässigkeit und Pünktlichkeit der Komparsen gelobt, schließlich gibt es einen Redaktionsschluss. Selbst bei mehrmaliger Wiederholung der gleichen Szene geht den Akteuren nichts von ihrer Begeisterung verloren. Inzwischen ruchbar geworden sind allerdings die Presseshootings der Hisbollah-Productions im Libanon, zu deren Repertoire gespielte Verzweiflungsszenen mit toten Kindern im Arm gehörten.

Der amerikanische Medienforscher David D. Perlmutter bezeichnet die sich häufenden Fälle als »Pantheon der

Schande« für den Bildjournalismus. Vulgärsymbolik triumphiert über Wahrhaftigkeit, der Unterschied zwischen Dokument und Fiktion löst sich auf. Das gut fotografierte Klischee obsiegt in den Bildredaktionen über die Wirklichkeit, selbst grobe Ungereimtheiten wecken offenbar keine Zweifel – oder werden bewusst ausgeblendet. Die Glaubwürdigkeit des Bildes befindet sich im freien Fall und die stillschweigende Komplizenschaft der Beteiligten veranlasst uns zu einem kostensenkenden Vorschlag: Er besteht aus einer in Babelsberg nachgebauten Ruinenkulisse und einer gut sortierten Requisite. Da lassen sich wunderbare Bilder arrangieren: Mal sitzt eine stumme Greisin auf einem makellos erhaltenen Sessel mitten in einem staubigen Trümmerfeld, mal insinuiert eine hübsch im Vordergrund drapierte Spielzeugpuppe eine ausgelöschte Familie. Die gleiche Machart also, wie sie uns aus dem Libanon erreichte – nur konsequenter.

Die mediale Einheitspartei

Die »British Broadcasting Corporation«, kurz BBC, genießt weltweit einen Ruf als ehrwürdige Institution und gilt als Hort eines über jeden Zweifel erhabenen journalistischen Ethos. Doch in England ist eine Debatte über den Verfall ihrer Prinzipien entbrannt. Dass von diesen zumindest rudimentär noch etwas vorhanden ist, zeigt ein selbstkritischer Bericht, den der Sender anfertigen ließ. Darin ist von »zumeist unbewusster Selbstzensur« der Verantwortlichen die Rede, entstanden aus »einem fehlgeleiteten Wunsch heraus, in korrekter Weise zu denken«. Und diese Haltung durchzieht nicht nur die politischen Ressorts, sondern reicht bis tief in die Unterhaltung hinein. Selbst Krimis und Komödien sind von der immer gleichen Weltsicht durchzogen, die man mit einer Kultur des westlichen Selbsthasses umschreiben kann. So ging es in der erfolgreichen Agentenserie »Spooks« in letzter Zeit dreimal um Terroristen. In zwei Fällen entpuppten sie sich als Mossad-Agenten, im dritten Fall handelte es sich um einen Komplott eines rechtsgerichteten Ministers. Islamischer Terrorismus ist in BBC-Kreisen offenbar nur als Verschwörung des Westens erträglich.

»Das Drehbuch hätte der iranische oder syrische Geheimdienst sich nicht besser ausdenken können«, schrieb Jürgen Krönig, London-Korrespondent der »Zeit«, in einem denkwürdigen Onlinedossier über die Krise der BBC. Während der Lektüre überkam uns das Gefühl, dass wir alle diese Mechanismen der Selbstzensur aus »guten Motiven« und des sogenannten linksliberalen Konsenses (der oftmals weder links noch liberal ist) aus der deutschen Medienlandschaft nur allzu gut kennen. Wenn man die Buchstaben BBC durch ARD oder ZDF ersetzt, dann trifft Krönig genauso ins Schwarze. Die meisten hiesigen Radiosender, Zeitungen und Zeitschriften finden sich in seinem Artikel ebenfalls treffend beschrieben.

Das mediale Juste Milieu, so Krönig, pflegt sein faktenresistentes Weltbild. Dazu gehören in der Regel vehemente Vorurteile gegen Amerika und Israel sowie das Bemühen, alles zu vermeiden, was Muslime übel nehmen könnten. Wer beispielsweise die Meinung vertritt, der islamische Terrorismus sei nicht erst durch den Irakkrieg in die Welt getreten, muss mit Ablehnung und Anfeindung rechnen. Die herrschenden Programmmacher plädieren für mehr Staat und Steuern. Wer argumentiert, das kapitalistische System funktioniere immer noch am besten, berichtet ein Ex-BBC-Journalist, komme sich bald wie ein Angehöriger eines »exotischen Stammes« vor. Kaum jemand kommt mehr auf die

Idee, zu zweifeln oder nachzufragen – egal ob es um Armut in Afrika oder das Klima geht. Daraus resultiert ein einseitiger Kampagnenjournalismus, der sich mehr an Bob Geldof oder Al Gore orientiert als an Fakten. Ein BBC-Direktor nennt es »Michael Moorification« des Programms.

Ein Mangel an intellektueller Neugier, Relativismus, Äquidistanz gegenüber Tätern und Opfern, Misstrauen gegen den Markt und neue Technologien: Das kommt uns doch recht bekannt vor. All dies gehört auch hierzulande zum geistigen Inventar der Medienmacher, die sich gerne »kritisch« nennen. Ein Beispiel aus jüngster Zeit: Der Landwirtschaftsminister räumt ein, es gebe zwar keine Belege für gesundheitliche oder ökologische Schäden durch grüne Gentechnik. Dann begründet er das Anti-Gentechnik-Gesetz mit der Bemerkung, man habe darin die Haltung von »Kirchen und Jugendgruppen« aufgenommen. Gesetz nach Gefühl. Anstatt so einen Minister zu grillen, applaudieren die meisten Berichterstatter.

Bedauerlicherweise gibt es dann doch einen kleinen, aber entscheidenden Unterschied zwischen der Situation in Großbritannien und der in Deutschland. Die Schräglage der BBC-Berichterstattung ist mittlerweile ein großes Thema, auch unter den Verantwortlichen selbst. Denn viele Zuschauer und Zuhörer fühlen sich von »ihrer« BBC nicht mehr ernst genommen. Eine solche Debatte würde Deutschland gut tun.

Mittendrin im »Second Life«

Viel ist in letzter Zeit von Computerwelten zu lesen, in denen Mitbürger als »Avatar« ihren Feierabend verbringen. Ein Phänomen, das Stoff für Debatten liefert. Während die einen ein soziales Experimentierfeld beobachten, das die

Möglichkeiten der Teilnehmer erweitert, erblicken die anderen Abgründe der Vereinzelung und seelischen Zerrüttung. Wir möchten eine dritte These wagen: Wer bei »Second Life« mitmacht, weiß in der Regel, dass er sich in einer Scheinwelt bewegt. Das stinknormale »First Life« ist jedoch genauso virtuell.

Unser aller künstliche Zweitwelt ist die Öffentlichkeit. Öffentlichkeit ist all das, worüber wir reden und lesen, was wir im Radio hören oder als Gerücht aufschnappen, was uns als Partytalk umrauscht oder sich durchs Fernsehen im Wohnzimmer breitmacht. Dieser öffentliche Diskurs handelt größtenteils von Dingen, die wir nicht selbst überprüfen können. Wir vertrauen darauf, dass sie wichtig sind, weil darüber viel in der Öffentlichkeit geredet, gedruckt und gesendet wird.

So erzeugen die Schallwellen der Öffentlichkeit eine zweite Realität, die die erste überlagert. Wir machen uns Sorgen, wir zerbrechen uns den Kopf, wir ängstigen uns, wir treffen Lebensentscheidungen aufgrund dieses »Second Life«. Lassen wir mal ein paar der ganz großen Themen Revue passieren, die unser Land über längere Phasen in Erregung versetzten. In Klammern steht jeweils der Kontext, in dem sie damals betrachtet wurden: Der Bundestag verabschiedet Notstandsgesetze (neuer Faschismus), Waldschäden in einigen Mittelgebirgen (Waldsterben), Volkszählung (Überwachungsstaat), Nachrüstung (3. Weltkrieg), Tschernobyl (Anstieg von Krebs und Missbildungen in Deutschland), BSE (Massentod durch Rindfleischverzehr). Dies ist nur ein winziger Ausschnitt, der sich beliebig erweitern ließe. Wir lernen daraus, dass die am hitzigsten diskutierten Themen der jeweiligen Zeit sehr selten bedeutend waren. Der trügerische Zeitgeist lockt uns in sein »Second Life«, mit dem er uns ständig von einer sorgfältigeren Betrachtung des »First Life« ablenkt.

Übersehen wurden häufig andere – oftmals sehr konkrete – Probleme, die sich später als weitaus wichtiger erwiesen. Heute wissen wir, dass sich, während die Wälder totgesagt wurden, die Waldfläche in Deutschland ausdehnte. Zur selben Zeit stand die sogenannte Nachrüstung im Fokus der Öffentlichkeit. Viele glaubten, ein Weltkrieg zwischen Ost und West stünde unmittelbar bevor. Weitaus weniger Aufmerksamkeit genossen Gewerkschafter in Polen. Doch dank ihres Mutes und ihrer Hartnäckigkeit kam es ganz anders als vermutet. Auch die Machtergreifung des iranischen Mullah-Regimes verbuchte man damals als Randereignis. Kaum ein Journalist ahnte, wie sehr der Islamismus den weiteren Verlauf der Geschichte beeinflussen würde. Zur gleichen Zeit geschah etwas im Inland, was keiner Chefredaktion sonderlich auffiel: Die Deutschen bekamen immer weniger Kinder. Im Gegenteil: Die Medien warnten seinerzeit in schrillen Tönen vor der Bevölkerungsexplosion. Jetzt bereiten uns die Folgen des Geburtenrückgangs Kopfzerbrechen. Doch vielleicht wird auch dieses Problem in zwei oder drei Jahrzehnten in einem ganz anderen Licht erscheinen.

Und heute? Viele Menschen machen sich Sorgen um Mobilfunkstrahlen und Gentechnik im Essen. Politiker, Medien, Lobbygruppen und Ökoaktivisten betrachten die Reduzierung des Kohlendioxids in der Atmosphäre als die größte Aufgabe des 21. Jahrhunderts. Während tagtäglich Tausende Kinder an schmutzigem Wasser, am giftigen Qualm primitiver Feuerstellen und an Malaria sterben, glauben die meisten Medienkonsumenten, dass wir uns vordringlich um die globale Temperatur in 200 Jahren kümmern sollten. Umfragen zeigen auch, dass Mehrheiten in vielen Ländern die USA und Israel für die größte Bedrohung des Weltfriedens halten. Dieses »Second Life« ist so virtuell, dass das gleichnamige Internetspiel dagegen ziemlich hausbacken wirkt.

Neulich lag eine Abowerbung für eine Seniorenzeitschrift im Briefkasten. Adressiert an Maxeiner. Willkommen in der Zielgruppe für »Doppelherz«! Der Tag war natürlich gelaufen. Älter werden trägt nicht zwangsläufig zur guten Laune bei, manchmal aber doch. Beispielsweise wenn sich der Mensch jenseits der 40 daran erinnert, wie viele Weltuntergänge er bereits überlebt hat. Gut erinnern wir uns noch an einen Bestseller der sechziger Jahre: »Die Bevölkerungsbombe«. Paul Ehrlich beklagte darin die rasante Zunahme der Kinderzahl und sagte todsicher voraus, dass die Hälfte der Menschheit verhungern würde. Als dies nicht eintraf, suchte sich die vagabundierende Katastrophensehnsucht neue Schlachtfelder. Mal sollte wegen der Industrieabgase eine neue Eiszeit ausbrechen, dann sollten bis zur Jahrhundertwende alle Rohstoffe ausgehen (Dennis Meadows). Ein andermal bedrohte uns der Atomstaat mit »Technofaschismus« (Robert Jungk). Zwischendurch starb der Wald und es wuchsen die Raketen, sodass der damalige Chefredakteur der Illustrierten »Stern« besorgt fragte: »Ist dem Bundeskanzler nicht klar, dass sein Vaterland in Gefahr ist, zu einer Pershing-geschützten Dioxin-Steppe zu verkommen?« Haben wir was vergessen? Ach ja, das Aussterben der Deutschen durch Aids war in den Schlagzeilen von 1985 beschlossene Sache. Nun, wir leben, der Wald ist noch da und die Sowjetunion weg, was soll noch kommen? Natürlich Frank Schirrmacher.

Der Herausgeber der »Frankfurter Allgemeinen« hat ein Buch geschrieben und via »Bild«-Zeitung wurde es in Flammenschrift unters Volk gebracht. Es heißt »Das Methusalem-Komplott«, könnte aber auch frei nach Paul Ehrlich »Die Bevölkerungsbombe, Teil 2« heißen. Allerdings knallt die Bombe jetzt ganz anders: Schirrmacher beklagt die rasante

Abnahme der Bevölkerung. Irgendwie schließt sich da ein Kreis. Todsicher sagt er voraus: »Jedes zweite kleine Mädchen, das wir heute auf den Straßen sehen, hat eine Lebenserwartung von 100 Jahren!« Grande Katastrophe! Der Geburtenrückgang in vielen, vor allem westlichen Ländern (also etwas, was man sich früher gewünscht hat), führt jetzt angeblich direkt ins Verderben. »Altersrassismus« werde um sich greifen. Alles in allem: »Gesellschaft und Kultur werden so erschüttert sein wie nach einem lautlosen Krieg.« Pardon: Geht's nicht auch ne Nummer kleiner?

Offenbar nicht: »Deutschland wird im Jahre 2050 zwölf Millionen Menschen verloren haben – das sind mehr als die Gefallenen aller Länder im Ersten Weltkrieg.« Wir glauben, dass man eine sinkende Geburtenrate nicht unbedingt mit den Schrecken des Krieges vergleichen sollte. Ältere Gesellschaften sind ohnehin friedlicher. Der erfreuliche Rückgang von Gewaltverbrechen, den die Kriminalstatistik verzeichnet, wird von Fachleuten genau darauf zurückgeführt. Es mag einschneidende Veränderungen geben, aber warum muss das mit solchem Bombast zu einem Katastrophen-Eintopf verrührt werden? »Unsere Kinder werden wieder zu Zeitgenossen der Wölfe! Bundesländer werden verwildern, Brandenburg, Meck-Pomm, Thüringen, Pfälzer Wald, Hunsrück.«

Man könnte diese Sentenz auch anders formulieren: Rüstige Naturführer werden junge und staunende chinesische Touristen durch die wunderbaren deutschen Nationalparks leiten. Es wird wieder mehr Platz im Lande sein, auf der Autobahn wird weniger gerast, wir verbrauchen weniger Energie und Ressourcen und das Kyoto-Protokoll erfüllen wir mit links. Viele Tausend Schatzkammern der Erfahrung und des Wissens können geöffnet und mit ein bisschen Fantasie in ökonomische Vorteile umgemünzt werden. Stattdessen: »Unsere Erde wird wie ein riesiges Altersheim durchs

Weltall kreisen!« Wir haben nichts gegen kreisende Alters-
heime. Und wer weiß, vielleicht kommt's ja ganz anders,
und die Deutschen entschließen sich plötzlich, wieder Kinder zu kriegen, weil es ohne so langweilig ist. Methusalem
hatte damit jedenfalls kein Problem. Er zeugte im Alter von
187 Jahren seinen ersten Sohn Lamech.

Navigare necesse est

Taxifahren ist auch nicht mehr das, was es einmal war. Wir
erinnern uns lebhaft an Zeiten, als wir am Bahnhof Zoo re-
gelmäßig auf freundliche, aber völlig orientierungslose Aus-
hilfsfahrer trafen. Diese fuhren meist zügig los und baten an
der ersten Ampel um eine gewisse Arbeitsteilung: »Du sagen, ich fahren.« Die gemeinsame Zielsuche führte uns dann
meist weit in dunkle Randbezirke, wo schließlich der Taxa-
meter abgeschaltet und der Stadtplan aufgefaltet wurde.
Heutzutage befindet sich praktisch in jeder Droschke ein
elektronisches Navigationssystem. Das spart Zeit, Nerven
und funktioniert fast immer – vorausgesetzt der Fahrer
kann lesen und schreiben.

Davon beeindruckt hat Miersch seinen Opel Zafira (Spott-
name »Windelbomber«) mit einer solchen Orientierungshil-
fe nachgerüstet. Vorbei die Zeiten des Stadtplan-Studiums.
Vorbei die Zeiten ausgefeilter Wegbeschreibungen. Vorbei
die Zeiten der Lotsendienste, die ortskundige Menschen
übers Handy leisteten. Alles geht wie von selbst, welch ein
Fortschritt. Problematisch wird die Sache nur, wenn man
plötzlich wieder in einem Auto ohne elektronischen Lotsen
sitzt, beispielsweise in einem Leihwagen der untersten Kategorie. Huch, ein Auto ohne »Navi«! Das ist fast so, als habe
einem jemand ein Sinnesorgan amputiert.

Der Mensch lernt langsam und verlernt schnell. Zum Beispiel sich in einer fremden Stadt zu orientieren. Anstatt sich Wegmarken und Fahrstrecken einzuprägen, vertraut er blind auf den kleinen Kasten und pflegt die Konversation mit seinem Beifahrer. Mit dem Ergebnis, dass beide keinerlei Vorstellung mehr davon haben, wo sie sich eigentlich befinden. Die urmenschliche Fähigkeit, sich an den Himmelsrichtungen zu orientieren, ist ja schon lange verloren gegangen. Jetzt verlässt uns auch die zivilisatorische Befähigung, aus eigener Erinnerung an der zweiten Ampel rechts und dann hinter dem Kaufhof links abzubiegen. Es soll ja sogar Verkehrsteilnehmer geben, die sehenden Auges in einen Fluss donnerten, nur weil das fehlgeleitete Navigationssystem es ihnen so befahl. Mierschs »Navi« bestand neulich auf der Brennerautobahn gar darauf, er müsse sofort wenden.

Und damit sind wir beim kulturellen Navigationssystem, auf das sich der moderne Mensch in Form der Medien verlässt. Fernsehen beispielsweise heißt ja, dass jemand anderes für einen die Augen aufmacht und die Bilder dann ins heimische Wohnzimmer schickt. Nur hat das Bild, das in den Medien gezeichnet wird, mit dem richtigen Leben oft nicht viel zu tun. Das zeigt beispielsweise die Einschätzung der Deutschen über den Zustand der Umwelt. Auf die Frage, ob die Umwelt in der eigenen Region in Ordnung sei, antwortete die ganz große Mehrheit (78 Prozent) mit «ja«. Für ziemlich zerstört hält sie nur eine kleine Minderheit von 12 Prozent. Wenn man die gleichen Leute nach dem Zustand der Umwelt in ganz Deutschland fragt, dann ist freilich mehr als jeder Dritte (35 Prozent) fest davon überzeugt, sie sei ziemlich zerstört. Daraus ergibt sich die Frage: Wie kann die Umwelt im ganzen Land erheblich zerstört sein, wenn sie in jeder einzelnen Region bestens in Schuss ist? Das Institut Allensbach vermutet ein »medienvermitteltes Pauschalurteil, das fast immer negativ verzerrt ist.«

Dort, wo sich die Menschen auf ihr eigenes Navigationssystem verlassen, ist ihr Bild der Welt offensichtlich ein anderes als dort, wo sie auf mediale Lotsen und Schleusenwärter angewiesen sind. Die operieren allzu oft in einer selbstbezüglichen Parallelwelt. Wobei es nicht nur Verzerrungen ins Negative gibt, sondern auch ins Positive: Denken wir nur an die jahrzehntelange Multikulti-Seligkeit, die überall herrschte, nur nicht in den betroffenen Stadtvierteln.

Die Aussage: »Die Menschen sind klüger als man glaubt«, liegt wohl darin begründet, dass sie sich vielfach noch an ihren eigenen Wahrnehmungen im Alltag orientieren. Hoffentlich verlernen sie es nicht. Dann ist die Gefahr geringer, dass sie bei der nächsten Wahl falsch abbiegen.

Volkssport Schummeln

Mögen Sie kleine Kinder und Tiere? Sagen Sie in Ihrer Ehe immer die Wahrheit? Würden Sie auf eine Urlaubsreise verzichten, um das Geld für Arme zu spenden? Wenn Sie eine dieser Fragen mit »nein« beantwortet haben, gehören Sie zu dem Teil der Menschheit, dem Ehrlichkeit mehr bedeutet als ein gemütliches Selbstgefühl. Vielen geht es genau umgekehrt, sie möchten lieber vor sich und anderen gut dastehen und gehen deshalb mit der Wahrheit weniger pingelig um. Selbstauskünfte zu Themen wie Sex, Geld oder Erfolge der eigenen Kinder sind mit Vorsicht zu genießen. Das sagt die Lebenserfahrung und Psychologen bestätigen es. Manche veröffentlichte Erhebungen scheinen von solchen Einsichten jedoch völlig ungetrübt zu sein.

Umfragen können von zwei Seiten manipuliert werden. Einerseits durch die Fragesteller. Wer geschickt formuliert, kriegt die Antwort, die er sich wünscht. Doch auch die Befragten sind ein Risikofaktor. Es ist unter Sexualforschern eine Binsenweisheit, dass bei der Frage nach Seitensprüngen Frauen und Männer in entgegengesetzte Richtungen schummeln. Männer neigen tendenziell zum Prahlen mit ihren erotischen Erfolgen, Frauen spielen vergangene Affären gern herunter, da ihnen immer noch ein schlechter Ruf droht, wenn es allzu viele waren.

Solche sozialen Normen wirken sogar dann, wenn dem Befragten kein Interviewer gegenüber sitzt und er allein und anonym ankreuzen kann. Die gleiche Umfrage über Ängstlichkeit bei Männern fiel deutlich ängstlicher aus, als man den Testpersonen ankündigte, man werde sie nachher an einen Lügendetektor anschließen. »Wenn kein anderer da ist, den man belügen kann, belügen die Leute halt sich selbst. Jeder Fragebogen ist eine Einladung zu Selbsttäuschung«, beschrieb Reto Schneider vom Schweizer Magazin »NZZ-Folio« dieses erstaunliche Phänomen. Wie unzuverlässig Umfragen sein können, erfuhr die Redaktion von »NZZ-Folio« bei einer Befragung der eigenen Leserschaft. 139 der 1883 Teilnehmer gaben an, ihnen hätte das Heft zum Thema »Katastrophen« besonders gut gefallen. Schade nur, dass es nie ein Heft zu diesem Thema gegeben hatte. Die tückischen Redakteure wollten nur mal die Vertrauenswürdigkeit der Antworten testen.

Viele Neurowissenschaftler und Psychologen sind heute der Ansicht, dass wir die eigene Identität ständig umbauen und auch unsere Gedächtnisinhalte lebenslang überarbeiten. Richter wissen, wie schwierig es ist, aus Zeugenaussagen ein Geschehen zu rekonstruieren.

Es kann sogar passieren, dass Menschen viel menschlicher sind, als sie in Umfragen behaupten. Der amerikanische Soziologe Richard LaPierc reiste in den dreißiger Jahren mit einem befreundeten chinesischen Ehepaar durch die USA und führte Buch darüber, wie man die damals sehr exotischen Fremden behandelte. Und erfreulicherweise waren fast alle Leute freundlich und höflich. Danach schrieb er die Hotels und Restaurants an und fragte:»Würden Sie Angehörige der chinesischen Rasse als Gäste aufnehmen?« Fast alle antworteten: Nein.

Dennoch kann man durch Umfragen durchaus Erkenntnisse über die Wirklichkeit gewinnen. Besonders, wenn man unterschiedliche Erhebungen miteinander in Beziehung setzt. Vor einiger Zeit erschienen innerhalb weniger Minuten Resultate zweier aktueller Umfragen auf unseren Bildschirmen. Die erste Meldung trug die Überschrift: »Deutsche wollen mehr Staat«. 38 Prozent der Befragten hatten dafür plädiert, dass der Staat sich mehr um die soziale Sicherung seiner Bürger kümmert. Kurz darauf kam eine Nachricht, die mit dem Satz begann:»Immer weniger Deutsche bestreiten ihren Lebensunterhalt durch Arbeit.« Bei einer Befragung des Statistischen Bundesamtes hatten nur noch 39 Prozent der Bürger angegeben, Erwerbstätigkeit sei ihre wichtigste Einkommensquelle. Möglicherweise besteht zwischen den beiden Zahlen ein Zusammenhang.

Umfallende Reissäcke, die unheimliche Bedrohung

Nicht nur Menschen machen Karriere, sondern auch Themen. Leider nicht immer die richtigen. Beim Essen sprachen wir kürzlich über den Aufsatz eines Kommunikationsforschers, der analysiert, wie eine»Einheitsfront der Skandalgläubigen« entsteht. Am Ende glaubten die Menschen nicht das, was erwiesen ist,»sondern das, was sie vorher überall massenhaft gelesen, gehört und gesehen haben«. Da wir gerade in einem China-Restaurant saßen, haben wir uns ein kleines Drehbuch ausgedacht, gleichsam als medienkundliche Lebenshilfe:

144

Montag, Radio-Fantasie, Regionalnachrichten. Der Moderator: »In Frankfurt wurde in einem Lagerhaus ein Sack Reis entdeckt, der umgekippt ist. Experten befürchten, der Reis unbekannter Herkunft könnte unkontrolliert in die Umwelt gelangt sein. Wir schalten jetzt zu unserem Reporter vor Ort um: Oliver, wie ist die Lage?«

Reporter: »Die Lage ist unübersichtlich. Die Menschen scheinen noch nicht realisiert zu haben, was hier vor sich geht.«

Moderator: »Gibt es schon einen Hinweis auf die Verantwortlichen?« Reporter: »Ehemalige Mitarbeiter berichten von fahrlässigem Verhalten des Lagerhausbetreibers, dessen Namen von den Behörden geheim gehalten wird.«

Moderator: »Oliver, könnte es nicht Hunderte oder gar Tausende ähnliche Fälle geben? Wie hoch ist die Dunkelziffer?« Reporter: »Erschreckend! Aber bisher haben wir es ja nur mit einem bekannten Fall ...«

Moderator: »Sorry, Oliver, wir müssen Schluss machen, ich habe Klaus, unseren Gesundheitsexperten in der Leitung, der vor dem Ministerium für Umwelt und Verbraucherschutz in Berlin wartet. Klaus, gibt es schon ein offizielles Statement?«

Gesundheitsexperte: »Nein, hier wird bislang jede Auskunft verweigert. Ich erkenne aber hektische Betriebsamkeit. Es herrscht große Nervosität.«

Moderator: »Lässt sich denn schon sagen, welche Personen am meisten gefährdet sind?« Gesundheitsexperte: »Es häufen sich Fälle von Menschen, die über ein leichtes Kratzen im Hals klagen. Kinder, ältere Menschen und Kranke sollten im Zweifel einen Arzt aufsuchen.«

Zwei Tage später. Fernsehnachrichten. Der Moderator: »Deutschland im Ausnahmezustand. Immer mehr Menschen klagen über ein leichtes Kratzen im Hals. Die Reiskrise breitet sich unaufhaltsam aus. Aus aller Welt treffen Meldungen von umgekippten Reissäcken ein, das Epizentrum befindet sich womöglich in China. Und jetzt zu unserem Korrespondenten ins besonders betroffene Frankfurt: Peter, was geht dort zur Stunde vor sich?«

Korrespondent: »Hier vor der Reis-Lagerhalle spielen sich unbeschreibliche Szenen ab. Der Verkehr ist aufgrund der vielen Übertragungswagen zusammengebrochen. Technisches Hilfswerk und Feuerwehr versorgen uns mit warmer Suppe. Die Menschen tragen Atemmasken, die Schulen wurden geschlossen.«

Moderator: »Danke, Peter, und passen Sie auf sich auf! Jetzt begrüße ich den deutschen Umweltminister im Studio, der sofort seinen Urlaub abgebrochen hat. Herr Minister, reagiert die Politik nicht wieder einmal zu spät?«

Minister: »Reis kennt keine Grenzen. Kein Land kann das Problem alleine lösen, hier bedarf es der UN. Ich werde das Thema ganz oben auf die Agenda setzen und hoffe, die USA stehen nicht wieder abseits. Außerdem müssen wir China mit ins Boot holen, wir haben da Vorbildfunktion.«

Moderator: »Nun gibt es vereinzelte Stimmen, die behaupten, das leichte Kratzen im Hals könne natürliche Ursachen haben.« Minister: »Wir sind dem Vorsorgeprinzip verpflichtet und dürfen nicht warten, bis es zu spät ist!«

Moderator: »Wir kommen jetzt zum Nachrichtenüberblick.« Sprecher: »Köln: TÜV fordert jährliche Überprüfungen von Reissäcken. Hamburg: Klimaforscher sehen in Reiskrise Zeichen der globalen Erwärmung. Berlin: Bauernverband fordert Umstieg auf heimische Kartoffeln. München: Erzbischof propagiert Reisfasten.«

Kapitel 7

Freiheit und Abenteuer

Allein über den Atlantik

Endlich ein Sommer, in dem man abends draußen sitzen kann. Am besten mit ein paar Freunden (Computerbranche, öffentlicher Dienst, Bank) und ein paar Flaschen Rotwein (Chianti, Lidl). Die Szenerie unter der großen Kastanie im Garten könnte idyllischer nicht sein, und doch hängt oben im Geäst ein Damoklesschwert. Alle haben sich um des lieben Friedens willen fest entschlossen, ein bestimmtes Thema nicht anzusprechen: Amerika. Unsere Freunde sind davon überzeugt, dass wir jeden Morgen unter Stars and Stripes strammstehen. Haben wir es doch wiederholt gewagt, Amerika zu verteidigen. Ansonsten gelten wir als nette Kerle, denen man aber nicht alles durchgehen lassen darf. Irgendwo hört die Freundschaft schließlich auf.

Die Deutschen haben ein erstaunliches Talent entwickelt, von jedem beliebigen Thema in wenigen Sätzen auf die USA zu kommen (und damit die Ursache jeglichen Übels). Das geht etwa so: »Schönes Wetter heute.« – »Ist aber nicht normal für unsere Breiten.« – »Die Amerikaner ruinieren das Klima.« Egal ob im Taxi, beim Friseur oder im Massagesalon, aufrechter Antiamerikanismus gehört zum guten Ton. Er wird deshalb gerne auch bei gemeinsamen Mahlzeiten jeder Art erst mal abgefragt, damit man es sich danach in der kollektiven US-Verdammung schön gemütlich machen und, Prösterchen, warm im Blut-für-Öl baden kann.

Nun haben wir wirklich keine Lust, ständig den Party-Pupser zu spielen. Nach wenigen Gesprächsminuten ist in der Regel sonnenklar, dass man sich in vermintem Gelände oder gar weit hinter den feindlichen Linien befindet. Mitunter hilft eisernes Schweigen über die Runden, doch bedauerlicherweise wird es oft als Zustimmung empfunden. Das führt dann beispielsweise dazu, dass ein Tischnachbar vertraulich eine Verschwörung enthüllt: »Ist Ihnen aufgefallen, dass sich am 11. September kein einziger Jude in den Zwillingstürmen aufhielt?« Ein Outing lässt sich dann nicht mehr vermeiden und unsere Sympathiekurve fällt unter null. Inzwischen melden wir bei solchen Anlässen grundsätzlichen Dissens an, führen diesen aber nicht weiter aus, weil es meist laut und lästig wird. Stattdessen überreichen wir in einem Umschlag einige Grundsatzartikel und bitten darum, den Inhalt erst zu lesen, nachdem wir uns verabschiedet haben.

Da unsere Freunde bereits wissen, wie wir denken, und die gegenseitigen Grundsatztexte wie Wurfgeschosse in der Mailbox einschlagen, wurde fürs Gartenfest strikte Politik-Enthaltsamkeit verordnet. Namen wie Bush oder Cheney standen auf dem Index, desgleichen Stichworte wie »Irak« oder »altes Europa«. Früher hatten wir uns immer beim Thema Politik betrunken und kamen dann später auf delikatere Themen wie Sexualgewohnheiten oder die Schulnoten der Kinder. Inzwischen betrinken wir uns bei privaten Vertraulichkeiten und hoffen, später nicht auf die verfängliche Politik zu kommen. Meist vergebens.

Das Gartenfest ging eigentlich sehr harmonisch los. Mozzarella mit Tomaten und Aceto Balsamico. Auch das Gespräch verlief in einträchtigen Bahnen: »Die Restaurantpreise sind doch unverschämt, eine stinknormale Pizza für 7,50 Euro!« – »Unser Sohnemann ist einfach stinkfaul.« – »Unserer auch!« –»Ferien in Deutschland sind viel schöner«. Der ehrliche Wille, den Abend nicht zu versauen, ließ uns mit größter Begeisterung über jeden Blödsinn parlieren. Dann wurde die Konversation doch ein wenig zäh, bis plötzlich alle schwiegen. Wie peinlich. Sabine rettete die Situation mit einer Frage von größter Bedeutung: »Paul, wo ist eigentlich eure Katze?« Bedauerlicherweise verlor Paul daraufhin die Nerven und antwortete mit der Gegenfrage: »Wo waren eigentlich eure Massenvernichtungswaffen?« Allseitiges Entsetzen. Alarmstufe rot am Tisch. Oder besser unterm Tisch: Sylvia trat Paul heftig gegen das Schienbein.

Zu spät. Das Damokleschwert saust krachend herunter und durchtrennt das Tischtuch. Es wird blankgezogen und die Klingen fliegen. Jeder kennt mittlerweile mindestens drei Züge des Gegners im Voraus. Paul: »Alle meine amerikanischen Freunde halten die US-Politik für verheerend«. Wir: »Das sagt nichts über Amerika, aber viel über deine Freunde.« Sylvia versucht zu vermitteln, indem sie die Amerikaner als »suboptimale Hüter der westlichen Werte« charakterisiert. Doch nach der dritten Flasche Lidl-Chianti vermag keiner mehr über diese Brücke zu gehen. Sehr kühler Abschied. Nichts da mit Küsschen rechts, Küsschen links und »Das nächste Mal bei uns«. Die nachbereitende Telefondiplomatie der beteiligten Ehefrauen dauert noch an.

Heiteres Gesinnungsraten

Wir unterhalten uns eigentlich gern mit wildfremden Menschen, weil das so viele Überraschungen birgt. Längst sieht man dem Gegenüber nicht mehr am Äußeren an, was er denkt oder welchen Standpunkt sie in bestimmten Fragen vertritt. Birkenstocks können heutzutage durchaus mit aufgeklärtem Gedankengut kombiniert sein. Umgekehrt kann sich hinter dem schnieken Businesskostüm eine gesinnungstechnische Wollsocke verstecken. Also Vorsicht bei Betriebsfeiern und dergleichen.

Wer keine Lust auf Streit hat, sollte nicht vorschnell mit der eigenen Meinung rausrücken, sondern rhetorisch ein wenig um den heißen Brei kreisen. Als Freunde der grünen Gentechnik haben wir uns beispielsweise angewöhnt, bei Geschäftsessen ironisch in die Vorhand zu gehen: »Hoffentlich sind diese Karotten genfrei!« Prasseln nun weitere Anzüglichkeiten herab, handelt es sich höchstwahrscheinlich um einen naturwissenschaftlichen Kongress. Entspinnt sich, was viel öfter vorkommt, ein Dialog über die Segnungen von Biokost, sollte man das Thema vorsichtig wechseln. Wird neben der Möhre ein Hasenrücken serviert, ließe sich etwa ein Loblied auf die Jagd anstimmen. Aber erst checken, ob jemand das vegetarische Menü bestellt hat, es könnte ein zähnefletschender Peta-Sympathisant am Tisch lauern.

Gentechnik, Tierschutz, Atomkraft, Globalisierung, Klimakatastrophe, Islam: Die Welt ist voller Fettnäpfchen. Die Kunst der konfliktfreien Konversation besteht darin, das Gespräch mit einer unverbindlichen Äußerung zu eröffnen und den anderen draufsatteln zu lassen. Mit der Äußerung »Ich habe beim Anschauen der letzten Polit-Talkshow körperliche Schmerzen gelitten«, liegt man eigentlich immer richtig. Das Schöne daran: Es bleibt dem anderen überlassen, welcher der Talkrunden-Kombattanten bei ihm dieses Gefühl auslöste. War es Claudia Roth? Oder Guido Westerwelle? Oder etwa alle zusammen? Das Gegenüber hat gewissermaßen den schwarzen Peter. Im Verlauf eines Abends kann eine Fülle solcher versteckter Gewissensprüfungen absolviert werden. So entsteht allmählich ein weltanschauliches Phantombild des Gesprächspartners.

Die ganz hohe Schule der vorsorglichen Durchleuchtung ergibt sich jedoch bei der Frage aller Fragen: Wie steht man zu George W. Bush? Die ist gewissermaßen ein zeitloser Klassiker, wohl auch über dessen Präsidentschaft hinaus. Wer Bush für einen direkten Nachfolger von Dschingis Khan hält, kann es einfach sagen, weil er statistisch auf der sicheren Seite ist. 90 Prozent aller Deutschen dürften ihm zustimmen und der Rest schweigt vorsichtshalber. Kann man Bushs Politik durchaus auch Positives abgewinnen, wird die Sache delikat. Wer damit offen rausrückt, riskiert, für den Rest des Abends als Partypupser in der Ecke zu stehen.

Deshalb gilt es, sich der Sache etwas sensibler zu nähern. Beispielsweise so: »Das beste an Bushs zweimaliger Wahl zum Präsidenten war das dumme Gesicht seiner Gegner.« Vorteil dieser Bemerkung: Einerseits appelliert sie an die Schadenfreude, ist also tendenziell mehrheitsfähig. Andererseits bleibt die Einstellung zum US-Präsidenten selbst offen. Der angesprochene Kreis hat jetzt zwei Möglichkeiten darauf einzugehen. In der Regel wird so etwas kommen wie: »Das ist aber ein schwacher Trost für acht Jahre Dschingis Khan.« Dann besser nicht weiterbohren.

Andererseits lässt diese Formulierung die Tür auch einen Spalt für jene offen, die George W. Bushs weitgehendem Verzicht auf Anbiederung beim Zeitgeist auch positive Aspekte abgewinnen können. Bush-Freunde sind hierzulande ein scheues Wild und haben deshalb ein hochsensibles Instrumentarium für versteckte Einladungen zum Bekenntnis entwickelt. So etwas nennt der Waidmann Witterung. Das Outing fängt erst ganz langsam an und geht dann immer schneller. Das Risiko ist groß, die Belohnung aber auch. Fällt endlich der Satz »Ich finde den Bush gar nicht so schlecht«, wird aus der Konversation meist ein wärmendes Lagerfeuer, das so manch anderen Gegensatz mühelos dahinschmelzen lässt. Nichts verbindet mehr, als ein paar Stündchen harmonisch über den Rest der Welt herzuziehen.

Als Rudi Dutschkes Jünger auf dem Kurfürstendamm Weltrevolution spielten, waren wir Gymnasiasten im postpubertierenden Stadium. Das stärkste Motiv, den zornigen Studenten hinterherzurennen, lieferten Erziehungsberechtigte aller Art sowie das politische Establishment. Es war ihre geradezu hysterische Aufgeregtheit. So empört, entrüstet und gleichzeitig hilflos hatten wir sie noch nie erlebt. Alles, was mit diesem Dutschke und seinen Leuten zusammenhing, war von da an so verlockend wie eine Faschingsparty in der Mädchenschule.

Dummerweise erzielen ausgerechnet die Neonazis heute den gleichen Effekt. Und das liegt nicht an ihnen selbst. Was sie sagen und tun, ist auch unter Public-Relations-Gesichtspunkten wenig einfallsreich. Eigentlich müssen sie fast gar nichts tun. Denn der von ihnen erwünschte Rebellenmythos wird zuverlässig von Politikern und Journalisten erschaffen.

Vierzehnjährige haben gute Antennen für leere Rituale und scheinheilige Floskeln. Ihr natürlicher Feind ist die Anstandstante, die ständig am Rande der Ohnmacht den Zeigefinger schwingt und zetert: Dies darf man nicht sagen, jenes geht zu weit. Heutigen Postpubertierenden geht die dauernde Bevormundung der Political Correctness auf die Nerven. Und man kann sie verstehen: Die antifaschistische Attitüde der Etablierten klingt wenig glaubwürdig aus dem Munde von Leuten, die sich im gleichen Ton einstudierter Empörung über jedes beliebige Thema hermachen: von der Verwerflichkeit amerikanischer Buletten bis zum Kulturverfall durch Computerspiele. Die perfekte filmische Verkörperung dieses aufgeregten Spießertums war Louis de Funès. In seinen Rollen machte er immer viel Wind, gewann jedoch nie Respekt.

Das Betroffenheitstremolo wirkt nicht sehr glaubwürdig, zumal es obendrein im Chor mit den Abkömmlingen der

SED-Diktatur gesungen wird. Deren kanonisierter Antifaschismus war jahrelang nichts weiter als ein undichtes Dach auf einem grauen Lügengebäude. Einem Vierzehnjährigen, der nie ein Geschichtsbuch gelesen hat, ist schwer zu vermitteln, dass diese Gesinnungs-Hausmeister im Falle NPD plötzlich recht haben sollten.

Über aufgeregtes Gackern und symbolische Gesten lachen die braunen Bühnenkünstler sich eins. Aber auch das Ignorieren ist keine Lösung, dafür sind sie in Sachsen und anderswo schon zu stark. Bisher hatten sie offenbar nicht genug Gelegenheiten, sich zu blamieren. Man sollte sie ihnen endlich bieten. Das Programm der NPD ist ein Flickenteppich aus zusammengeklaubten ideologischen Restbeständen. Die NPD-Welt riecht nach Mottenkugeln und verdient es, in ihrer Beschränktheit vorgeführt zu werden. Außenpolitik: Achse Berlin-Teheran-Pjöngjang. Wirtschaftspolitik: Dunkelroter Sozialismus (Armut für alle!). Einwanderung: Wenn alle in Deutschland lebenden Ausländer nur einen Tag streiken würden, dann stünde auch Sachsen samt Krankenhäusern still, und die Arier blieben auf ihrem Müll sitzen. Umwelt: Verirrt im deutschen Märchenwald. Kultur: Zurück zum Eintopfsonntag. Plötzlich werden aus Rebellen Würstchen.

Solange sich die Neonazis aber als Stachel im Fleische der Etablierten verkaufen können, werden sie Erfolg haben. Symbolische Empörung ist bequemer, aber um die inhaltliche Auseinandersetzung wird man nicht herumkommen. Doch wenn den NPD-Funktionären die Argumente ausgehen, dann zeigen sie jene rassistischen und hetzerischen Affekte, die den Staatsanwälten das Einschreiten erlauben.

Das Gegenbild zum aufgeregten Leerlauf eines Louis de Funès finden wir bei John Wayne. Banditen sind in der Stadt? Cool bleiben, gut zielen – und erst schießen, wenn auch sicher ist, dass man trifft.

Ein schickes Münchner Restaurant heißt »Hitler«, ein Modefriseur taufte seinen Salon »Mussolini« und eine Szenebar wurde mit Pinochet-Porträts dekoriert. Ist nur ein Scherz. Wäre es wahr, hätte im Münchner Stadtrat längst ein Aufstand der Anständigen stattgefunden. Wackere Bürger würden sich an den Türen der Etablissements anketten.

Wahr ist allerdings, dass das Restaurant »Mao« heißt, der Coiffeur »Molotow« und Bilder von Fidel Castro in der besagten Bar hängen. Im »Mao« lächelt der Dicke mit der Warze von der Wand, und in der Speisekarte erfährt man, dass der Namenspatron viel für die Bildung tat und ein »fortschrittliches Steuersystem etablierte«. Das »Mao« wird ebenso wenig wie die anderen coolen Locations von ergrauten Altkadern geführt, sondern von trendigen jungen Leuten, in diesem Fall sogar asiatischer Herkunft. Im Schaufenster hängt eine Gourmetempfehlung der »Süddeutschen Zeitung«. Auch in London und Paris gehören Che Guevaras Konterfei, Hammer und Sichel oder die Aufschrift CCCP zu den geläufigen Designelementen im Straßenbild. Das Hisbollah-Logo und der Halbmond mit Stern sind schwer im Kommen.

Die geistigen Moden in den Univierteln lösen sich in schneller Folge ab. Konstant ist nur die antiwestliche Haltung. Egal ob gerade Maoismus, Poststrukturalismus oder Gendertheorie angesagt sind – Hauptsache ist, dass schon die Erstsemester lernen, Demokratie und Markt zu verachten. Die offene Gesellschaft ist nicht cool. Oder hat schon mal jemand ein Karl-Popper-Basecap gesehen oder ein Handtäschchen mit George Orwell drauf? Bisher blieben solche Ideologie-Attitüden auf Hörsäle, Bühnen und Designer-Cafés beschränkt. In der weniger exaltierten Welt arbeitender Familienväter und -mütter hatten Marktwirtschaft und westliche Werte einen festen Platz. Doch falls einige Umfragen von Ende 2006 einen Trend ausdrücken, ist auch das nicht mehr so sicher. Zwei Beispiele: Eine knappe Mehrheit der Deutschen erklärte ihre grundsätzliche Unzufriedenheit mit der Demokratie, und die Mehrzahl der Briten fand Bush bedrohlicher als Ahmadinedschad.

Das Ansehen der Freiheit scheint ziemlich heruntergekommen zu sein. Warum gerade jetzt? Heute gibt es in fast zwei Dritteln aller 192 Staaten gewählte Regierungen, in über 80 Ländern existieren sogar echte liberale Demokratien mit allen Grundfreiheiten, die dazugehören. Eigentlich wäre das doch ein Grund, ein wenig stolz zu sein auf die Erfolge der Demokratie. Stattdessen breiten sich kommunistische und islamistische Symbole als Designelemente in der Jugendkultur aus, mal ironisch getragen, mal als rebellische Geste. Bürgerliche Rechte werden als langweilige Selbstverständlichkeiten wahrgenommen, jeder Anflug von Freiheitspathos zur Peinlichkeit erklärt. Die kulturellen Eliten haben die Mehrheit der Bevölkerung erfolgreich mit ihrem Weltbild infiziert. Der öffentliche Blick fixiert unentwegt die Fehler, die Widersprüche, die Unzulänglichkeiten. Unentwegt tönt das Mantra vom oberflächlichen, entfremdeten, verlogenen, unerträglichen westlichen Lebensstil.

Das Resultat ist ein genereller Relativismus, der die Biertischweisheit von der Politik als »schmutzigem Geschäft« für den Gipfel der Erkenntnis hält. Und die talkenden Klassen fühlen sich offenbar außerstande, dem entgegenzutreten. Sie sondern lieber die gleichen wohlfeilen Sprechblasen ab, womit sich das Ganze zu einem munter sich selbst antreibenden Meinungskarussell entwickelt. Wenn alles gleich schlecht und verkommen ist, kann man es auch lustig finden, Lokale nach Massenmördern zu benennen. Die haben doch wenigstens noch an was geglaubt. Mal sehen,

wann das erste »Osama« aufmacht, vielleicht mit Spreng-
stoffgürtel-Bauchtanz. Wäre echt cool. Wer sich darüber aufregt, ist doch voll der Spießer.

Donalds Augenbrauen

Manchmal wagen wir uns auf Partys der Münchner Kultur-
szene, denn da kann man zwischen Häppchen und Weißwein
immer was lernen. Zum Beispiel, wie Kinder durch ein Ge-
heimabkommen von Disney und McDonald's verführt werden: »Ist Ihnen schon mal aufgefallen, dass das goldene M
genauso aussieht wie die Augenbrauen von Donald Duck?«
　　Das Gemunkel von der Amerikanisierung der Welt gehört
zum geistigen Grundrauschen zwischen Alpen und Ostsee.
Dabei war es noch nie so falsch wie heute. Vor einem halben
Jahrhundert hätte der Begriff Amerikanisierung noch eine
gewisse Berechtigung gehabt. US-Soldaten brachten Cola,
Kaugummi, Jeans und Elvis Presley. Allerdings war das damals – zumindest beim jüngeren Teil der Bevölkerung –
hochwillkommen. Auch zwei Jahrzehnte später wurden
amerikanische Trends noch sehr erfolgreich exportiert: Zi-
viler Ungehorsam, Antirassismus, Hippies, Umweltbewe-
gung, Feminismus und Gay-Rights krempelten die politische Kultur Europas um.
　　Aber heute? Wo sind die amerikanischen Trendsetter? Es ist
geradezu rührend, dass Kreuzberger Kiezkämpfer sich über
eine McDonald's-Filiale aufregen. Die dortige Schnellküchen-
kultur mag türkifiziert (Döner), italisiert (Pizza), belgisiert
(Fritten) oder indisiert (Curry-Wurst) sein – von Amerika fast
keine Spur. Und das ist nicht nur in Kreuzberg so. Deutschlands Frühstück wurde erfolgreich schweizerisiert: Müsli ist
bei weitem populärer als amerikanische Eier mit Speck. Coole

Jugendliche kleiden sich nach japanischen Vorbildern und rauchen arabische Schischa. Donald Duck wurde durch Mangas abgelöst. Oberbekleidung und Elektronik kommen aus Fernost, die Inneneinrichtung aus Schweden. Indischer Bollywood-Dance erobert die Tanzböden, brasilianische und jamaikanische Lässigkeit die sommerlichen Boulevards. Einzig die Jeans sind vom US-Kulturimperialismus übrig geblieben (aber die hat ja eigentlich ein jüdischer Oberfranke erfunden).

Selbst die amerikanische Unterhaltungsindustrie ist aus dem Tritt gekommen. Hollywood steckt in der Sinnkrise. Die größten Erfolge feiern die »Wir-sind-schuld-Amerikaner« wie Michael Moore und Al Gore. Schade, dass John Wayne nicht mehr lebt. Was würde der alte Cowboy wohl zu all den zerknirschten Hollywood-Produktionen sagen, bei denen der Zuschauer immer schon vorher weiß, dass CIA-Agenten, Generäle oder Regierungsleute die Bösen sind.

Kein Anlass ist zu läppisch, um nicht einen Seitenhieb gegen die Amis daraus zu basteln. Kürzlich meldete sich ein Münchner Wirtschaftshistoriker zu Wort. Er wartete mit einer bemerkenswerten Erklärung auf, warum Europäer die Amerikaner in der durchschnittlichen Körpergröße überholt haben: »Wir vermuten, dass die Gesundheitssysteme und die hohe soziale Sicherheit der Europäer günstigere Bedingungen für Heranwachsende schaffen.« Das klingt genauso überzeugend wie die Disney-McDonald's-Verschwörung.

Es ist schon merkwürdig: Je mehr der *american way* zur Nischenkultur schrumpft, desto lauter regen sich viele Leute über die kulturelle Vorherrschaft der USA auf. Wobei für jeden was dabei ist. US-Kultur ist wahlweise zu pornografisch oder zu prüde, zu oberflächlich oder zu religiös, zu traditionell oder zu wurzellos. In unserer Münchner Partyrunde war es der protestantische Fundamentalismus aus dem mittleren Westen, der die Welt bedroht.

Vielleicht sind die Amerikaner aber noch viel raffinierter als alle denken. Sie haben uns auf dialektische Weise eine neue Einheitskultur übergestülpt: die Norm, Amerika zu verachten. Mit ein paar flotten Sprüchen gegen Bush, Bulettenbrötchen und die Nichtunterzeichnung des Kyoto-Protokolls kann man heute in jedem Smalltalk punkten. Dieses Gedankengut ist fast überall auf der Welt kompatibel. So findet man sofort Freunde und kann sich gegenseitig zur tadellosen Gesinnung gratulieren. Die Anti-US-Kultur ist unwiderstehlich.

Farewell GI Joe

Die Amerikaner sind an den meisten Standorten abgezogen. Im Radio liefen Interviews mit besorgten Bürgermeistern und Stadtkämmerern. Es werde die Region Arbeitsplätze kosten, klagten sie, Geschäfte und Kneipen würden Kundschaft verlieren. Immobilienbesitzer bangten um Mieten, Stadtwerke um Gebühren. Der Abschied von den US-Dollars war für manche ein herber Schlag. Doch ansonsten hielt sich der deutsche Trennungsschmerz in Grenzen. Dafür, dass eine über fünfzigjährige Ära endete, blieb das Land seltsam stumm.

Uns selbst befiel beim Gedanken an den Abzug der Army ein Hauch von Melancholie. Der eine von uns erlebte prägende Phasen seiner Kindheit und Jugend im Rhein-Main-Gebiet, der andere wuchs nahe einer großen US-Airbase in der Eifel auf. Hier wie da spielte Amercan Forces Network (AFN) die Hintergrundmusik. Wer in der Nähe der US-Kasernen wohnte, hatte mehr vom Leben. Es begann schon im zartesten Alter, als der Nikolaus mit einem Militärhubschrauber herabschwebte und Süßigkeiten verteilte, die es im Krämerladen nie gab. Als siebenjährige Knaben verfügten wir bereits über einen zielführenden amerikanischen Wortschatz.

Viele GIs zogen eine deutsche Privatunterkunft dem Kasernenaufenthalt vor. Es entstanden Freundschaften. Unvergesslich jener Augenblick, als der amerikanische Untermieter mit seinem riesigen Chevrolet zur Spazierfahrt einlud. Später kamen wir durch die GIs schneller an die begehrten Rhythmen heran, die das holzummantelte heimische Radio uns verwehrte. Noch später an Whiskeygallonen und illegale Rauchsubstanzen, die zum Gelingen einer Party einfach unerlässlich waren.

Die jungen Soldaten gehörten dazu und versuchten, ihr militärisch geschnittenes Haar durch geschicktes Kämmen etwas länger aussehen zu lassen. Manche waren sogar mit dabei, wenn samstags gegen den Vietnamkrieg protestiert wurde. Offiziell hielt sich die Army politisch vornehm zurück. Die Westdeutschen sollten ihre Demokratie selber machen. Vielleicht war das ein Fehler, denn wer nicht gerade an der Zonengrenze lebte, vergaß gern, warum die GIs eigentlich im Lande blieben (und warum sie gekommen waren sowieso).

Ganz am Anfang hatte es seitens der US-Militärs noch ein paar eher rührende antitotalitäre Agitationsversuche gegeben. Vor den Hanauer Kasernen wurde ein riesiges Transparent enthüllt, das Stalin als Menschenschinder zeigte. In der damals »roten« hessischen Kleinstadt war dies wohl keine besonders geschickte Sympathiewerbung. Doch davon erfuhren wir erst später, durch vergilbte Fotos. In den Siebzigern fantasierten wir uns lieber die Vietcong als Spontis mit Kalaschnikow zurecht, und hielten den GIs auf der Stadtparkwiese moralische Vorträge. Heute verstehen wir manche Argumente der Amis von damals besser. Nun müssen wir uns selbst moralische Vorträge anhören.

In der Rückschau ist der Vietnamprotest nur noch eine Episode aus einem langen deutsch-amerikanischen Alltag, der uns viel nachhaltiger geprägt hat, als wir damals ahnten. Vieles hat seinen exotischen Glanz verloren und wurde in die deutschen Sitten und Gebräuche aufgenommen, wo man es kaum noch als amerikanisch erkennt.

Für Westdeutschland waren die Amerikaner Befreier im zweifachen Sinne: Sie brachten Freiheit und Demokratie und waren obendrein die Animateure einer großen kulturellen Lockerungsübung. Jazz, Swing und Rock 'n' Roll bliesen teutonische Verkrampftheiten davon. Die Anwesenheit der US-Army hätte den Deutschen auch gut getan, wenn es nie eine Bedrohung durch Stalin und Ulbricht, nie eine Mauer und die Berliner Luftbrücke gegeben hätte.

In lauten, verrauchten Army-Clubs konnten zwei Generationen junger Westdeutscher den Untertanengeist ihrer Eltern und Lehrer abschütteln. Viele der heute in Amt und Würden Stehenden gehörten zu diesen Jugendlichen. Danke, GI Joe! – auch für das kulturelle Lockerungstraining.

Die unpolitischen Parteien

Die vorderen Teile der Wochenmagazine lesen wir immer seltener. Auch die ersten beiden Seiten der großen Tageszeitungen überspringen wir häufig. Wenn wir irgendwo auf ein Politiker-Interview stoßen, blättern wir um – mit dem Gefühl, nichts Wichtiges zu versäumen. Sonntags meiden wir Nachrichtensendungen, weil sie größtenteils aus Sprechblasen bestehen, die Politiker von sich gegeben haben, um am nachrichtenarmen Wochenende ins Radio oder ins Fernsehen zu kommen. Größere Bildungslücken sind dadurch bisher nicht entstanden. Immer weniger Menschen in unserem Freundeskreis fühlen sich einer Partei zugehörig. Die meisten wählen mal diese und mal jene und begründen es mit dem jeweils »kleineren Übel«.

Unser Mikrokosmos entspricht also dem großen Trend. Die Erosion der Volksparteien ist im vollen Gange. Jahr für Jahr treten Zehntausende aus. Das Durchschnittsalter der verbleibenden Mitglieder steigt rapide. In der CDU liegt es mittlerweile bei 55,3 Jahren. Da könnten wir beide noch als knackige Nachwuchspolitiker durchgehen. Lieber nicht, denn unsere Erfahrungen mit der Parteienkultur sind wenig inspirierend.

Der Journalistenberuf bringt es mit sich, dass wir zwangsläufig von Zeit zu Zeit auf Parteitage oder ähnliche Veranstaltungen geraten. Dort merkt der Außenstehende schnell: Er betritt ein sehr spezielles Biotop, das besondere Lebensformen hervorbringt. Als Erstes fällt auf, dass die meisten Anwesenden sehr ähnlich wirken – so wie bei keiner anderen Art von Versammlung. Egal ob Aktionäre, Zahnärzte oder Angler: Jede andere Gruppe wirkt in der Masse bunter und vielfältiger. Offenbar sind in Parteien Kräfte am Werk, die einen bestimmten Typus hervorbringen. Leute, die einen unwillkürlich an jene Mitschüler erinnern, die sich freiwillig zum Tafeldienst meldeten.

Dieses Klonhafte wurde in den vergangenen Jahren immer augenfälliger. Schon in den Jugendorganisationen begegnen einem die typischen Parteiwesen in so großer Zahl, dass man manchmal glaubt, es gäbe einen geheimen Ort, wo man sie züchtet. Wahrscheinlich ist es aber wie mit den Zeitschriften am Kiosk. Die sehen auch immer ähnlicher aus, seit die nicht mehr aus einer Idee geboren, sondern von Marketingexperten als Werbeumfeld konzipiert werden. Genauso ist es wohl bei der Herstellung dieses besonderen Menschentypus. Wenn man alle Überzeugungen entfernt und die Leerstelle mit Umfrageergebnissen füllt, kommen eben Sigmar Gabriel oder Jürgen Rüttgers dabei heraus. Wenn trotzdem mal einer durchflutscht, der nicht umfragesüchtig und medienhörig ist, wird er glatt geschliffen. Fraktionspeitsche und Karrierezuckerbrot machen aus fast jedem Individuum auf Dauer einen Replikanten.

Es gab mal eine Zeit, da gaben Parteien Orientierung bei der Suche nach einer besseren Zukunft. Das haben sie längst aufgegeben. Ihre Betriebsamkeit erschöpft sich darin, gesellschaftliche Trends zunächst zu ignorieren, dann hilflos zuzusehen und schließlich mit viel Getöse anzuerkennen, dass es nun ist, wie es ist. Nichts was die Welt in jüngerer Vergangenheit bewegte, hatte irgendetwas mit Parteiprogrammen zu tun. Meistens waren es technische Neuerungen, die das Leben veränderten. Aber auch soziale Umwälzungen fanden ohne Parteien statt. Die deutsche Revolution von 1989 war ein völlig ungeplanter Bürgeraufstand. Als die Sache erledigt war, gingen die Bürger wieder nach Hause und ließen keine Organisation zurück.

Die Volksparteien werden ihr weiteres Schrumpfen nicht durch PR-Kampagnen verhindern können. Sie irren fundamental: Nicht die Menschen, die ihnen weglaufen, werden unpolitisch. Sie selbst sind es geworden. Sie haben jeden Gestaltungsanspruch aufgegeben. Mut- und ideenlos kann jedoch jeder für sich allein sein, dazu braucht niemand eine Partei.

Auch er war Deutschland

Hierzulande, so liest man oft, gäbe es keine wetterfeste liberale Tradition wie bei den Angelsachsen. Daher sei die Mehrheit – egal ob rechts oder links – stets staatsgläubig und marktfeindlich eingestellt. Da ist was dran, und auch wir haben diese These schon mal bemüht. Nun ist das mit den Traditionen so eine Sache. Sie können einschlafen, sie können wachgehalten, sie können aber auch neu erweckt werden. Dass man kaum noch einen Hessen in alter Tracht sieht, aber durchaus Bayern in Lederhosen und Bayerinnen im Dirndl, liegt auch an der unterschiedlichen Nachfrage. Hessen ist nicht gerade ein internationaler Tourismusmagnet, und wer Frankfurt besucht, erwartet dort keine Heimatabende. Anders in Bayern, wo Amerikaner und Japaner optisch auf ihre Kosten kommen wollen.

Ähnlich verhält es sich mit dem liberalen Geist in Deutschland. Er hat durchaus eine Tradition, man muss sie nur entdecken wollen. Dazu möchten wir an einen großen Deutschen erinnern, der völlig zu Unrecht in Vergessenheit geraten ist: Eugen Richter. Eugen wer? Zu Lebzeiten war er so prominent wie August Bebel. Doch heute erinnert sich in der gedenk- und jubiläumsfreudigen deutschen Öffentlichkeit kaum jemand mehr an ihn. Richter war die Sorte Liberaler, die man hierzulande viel zu selten findet. Über die heute übliche Unterscheidung zwischen Wirtschaftsliberalen und Bürgerrechtsliberalen hätte er vermutlich nur den Kopf geschüttelt: »Die wirtschaftliche Freiheit hat keine Sicherheit ohne politische Freiheit, und die politische findet ihre Sicherheit nur in der wirtschaftlichen Freiheit.«

Er trat entschieden für den Fortschrittsgedanken und den Freihandel ein, der die Gründerjahre beflügelte, und war ein scharfer Gegner der Sozialisten (deren Freiheitsrecht er jedoch gegen die Sozialistengesetze Bismarcks verteidigte). Frühzeitig warnte er vor Flottenträumen und Kolonialabenteuern und bekämpfte den preußischen Obrigkeitsstaat. Er war weltoffen, jedoch ein Erbsenzähler, wenn es um das Steuergeld der Bürger ging. Bismarck ärgerte sich über den liberalen Oppositionsführer mehr als über die Linken.

Aus heutiger Perspektive verblüfft die Weitsicht des westfälischen Reichstagsabgeordneten, der frühzeitig die Gefahr des aufkommenden Antisemitismus erkannte. Unter den Nationalliberalen (der Konkurrenz zu Richters Fortschrittspartei) schwoll das antijüdische Ressentiment damals immer stärker an. »Die antisemitische Bewegung«, hielt Richter dagegen, »erscheint bei weitem verwerflicher als die sozialistische Agitation. Sie richtet sich nicht bloß gegen äußere Besitzverhältnisse, sondern gegen die Menschen an sich und ihre Abstammung.«

Auch die Zukunft des Sozialismus sah er erstaunlich klar voraus und verfasste 1891 ein Büchlein, in dem er das beschrieb, was im folgenden Jahrhundert Wirklichkeit werden sollte: ein repressives System der Mangelwirtschaft, das die Menschen immer stärker unterdrückt. Die Regierung schließt die Grenzen und lässt auf Flüchtlinge schießen. Richters Kurzroman »Sozialdemokratische Zukunftsbilder« liest sich wie das Drehbuch für ein Stück namens »DDR«.

Aber nicht nur die Hardcore-Variante der Menschheitsbeglückung weckte seine Skepsis. Angesichts der Anfänge des deutschen Sozialstaates ahnte er bereits, was passieren würde, wenn der Staat sich für immer mehr Lebensbereiche zuständig erklärt: »Wenn nun schließlich der Staat immer mehr Verantwortlichkeit übernimmt … und sich immer weniger als leistungsfähig herausstellt … dann kehrt sich zuletzt … Unzufriedenheit, die mehr und mehr sich ansammelt, gegen den Staat selbst.« Das konnte man also schon damals erkennen. Die lange Leitung deutscher Antiliberaler hätte wohl auch ein Eugen Richter unterschätzt. Ehren wir sein Andenken und damit eine Wurzel liberaler Tradition in Deutschland.

Wir wollen alles

Blättert man durch die politischen Kommentare zur Jahreswende 2007 auf 2008, trifft man auf zwei recht widersprüchliche Thesen. Der Zeitgeist sei links, behaupten die einen und stützen sich auf Umfragen, bei denen sogar eingefleischte CDU-Wähler die Forderungen von Oskar Lafontaine übernehmen. Völlig falsch, schreiben die anderen, der Zeitgeist sei längst konservativ: Die Menschen beten wieder, ehren die Familie und haben die Illusion von der multikulturellen Gesellschaft begraben. Gegen links zu argumentieren, sei quasi intellektuelle Leichenschändung. Ja was denn nun? Müssen wir uns schon mal auf den dritten deutschen Sozialismus einstellen oder uns mithilfe alter Heinz-Erhardt-Filme auf eine neue Adenauerzeit vorbereiten?

Besonders amüsant finden wir, dass die Auguren beider Sichtweisen sich in einem einig sind: Die vergangenen Jahre wären vom Neoliberalismus geprägt gewesen, was nun glücklicherweise vorüber sei. Und wir Dummerchen hatten gar nicht bemerkt, dass der Neoliberalismus ausgebrochen war. Wahrscheinlich weil wir so viele Auftritte von Olaf Henkel bei Sabine Christiansen verpasst haben.

Zurück zur Frage: Was sind wir Deutschen denn nun, Sozialisten oder Konservative? Die Antwort lautet: Beides – und grün sind wir obendrein. Die große Mehrheit fühlt linksgrünkonservativ und wird darin von der großen Koalition eigentlich ganz gut repräsentiert. Karl Marx und Adam Smith sind tot, Norbert Blüm lebt und Jürgen Rüttgers ist sein Prophet. Nur Intellektuelle meinen, man müsse sich für eine politische Richtung entscheiden. Die meisten Bürger haben keine Lust dazu und mixen sich ihre eigene Ideologie.

Man nehme einfach von allem das Angenehmste: Kapitalistischen Wohlstand UND sozialistische Verteilung. Schutz durch Amerika UND moralisierende Mahnungen an Amerika. Hohe Renten UND frühe Verrentung. Kohlendioxidreduzierung UND günstige Spritpreise. Staatsknete in allen Lebenslagen UND niedrige Steuern. Ausstieg aus der Atomenergie UND billigen Strom. Hohe Löhne UND bezahlbare

Dienstleistungen. Staatliche Förderung der eigenen Interessen UND Subventionskürzung bei den anderen. Fortschritte in Medizin und Wissenschaft UND Verbote von Gentechnik und Stammzellenforschung. Sicherheit vor Terrorismus UND eine Kuschelpolizei.

Eine legendäre Zeitschrift der Spontis in den siebziger Jahren hieß: »Wir wollen alles!« Diese Parole hatte offenbar durchschlagenden Erfolg. Wenn ein Mensch Dinge gleichzeitig haben will, die es nicht gleichzeitig geben kann, nennt man diesen Wunsch kindlich. Einer der Hauptunterschiede zwischen Kindern und Erwachsenen ist, dass Erwachsene solche Widersprüche in der Regel bemerken und danach handeln sollten.

In den neunziger Jahren las man im Feuilleton viele Klagen über Blödelfernsehen und immer primitivere Unterhaltung. Die Kritiker warnten vor einer schleichenden Infantilisierung der Gesellschaft. Vielleicht hatten sie ja recht und das Ergebnis ist das schwarz-rot-grüne Wolkenkuckucksheim, in dem offenbar viele Mitbürger zu leben wünschen.

Das Kind in uns möchte von den unangenehmen Einsichten ökonomischer Vernunft verschont bleiben. Dass Wohlstand in der Regel durch Arbeit entsteht, ist eine Kränkung. Viel schöner ist die Vorstellung, dass Wohlstand durch gerechte Verteilung entsteht oder durch Aktienkauf oder Lotto. Wer will schon hören, dass es keine Freiheit ohne Verantwortung gibt, keinen Fortschritt ohne Risiko und keinen Frieden ohne die Bereitschaft, sich zu verteidigen? Und weil das niemand hören möchte, sagen es Politiker sehr ungern, selbst wenn sie es wissen. Außer solche Monster wie die Neoliberalen (falls es die wirklich geben sollte). Aber dass macht nichts, denn, wie schon Ludwig von Mises sagte: »Der Hass gegen den Liberalismus ist das Einzige, in dem die Deutschen einig sind.«

Wer im Medienzirkus mitspielt, bekommt früher oder später ein Etikett verpasst. Auf unserem steht:»streitbar, kontrovers, polarisierend«. Und solches muss in der deutschen Konsenskultur sorgfältig eingehegt werden. Aus Sorge um das Seelenheil von Lesern, Zuhörern oder Zuschauern wird unsere Position fast immer präventiv von Gegenmeinungen eingerahmt. Wir sollen den polemischen Pfeffer einstreuen, der den gewohnten Einheitsbrei etwas würziger macht, aber keinesfalls als Grundnahrungsmittel zugelassen werden darf. In Talkshows oder auf Podien finden wir meist Geschwader politischer Gouvernanten um uns herum, die sich nicht mit Fakten auseinandersetzen wollen, sondern nur einen Vorwand für reflexhafte Empörung suchen. Darüber nämlich, dass irgendjemand wagt, ihre Meinungshegemonie infrage zu stellen. Doch zu unserer Freude (und zur Erbauung des Publikums) endet manche wohlgeplante öffentliche Hinrichtung anders als geplant. Das kommt davon, wenn sich die Scharfrichter ihrer Position allzu sicher sind.

Unsere Rollenzuteilung ist kein skurriles Einzelschicksal, sondern symptomatisch. Wer den staatsgläubigen, fortschrittsfeindlichen, kulturpessimistischen Konsens durchbricht, der sollte jedes Argument mit einem Dutzend UN-Studien und wissenschaftlichen Arbeiten untermauern können und sich drei Nobelpreisträger als Kronzeugen mitbringen. Jeder antiliberale Unsinn darf hingegen schlicht behauptet werden, nach kleinlichen Belegen für großartige Gesinnungsleistungen fragt kein Mensch.

Wie kommt das? Sind da mal wieder die legendären Achtundsechziger am Werk? Diejenigen, die Dutschkes Aufruf zum Marsch durch die Institutionen befolgten und Fernsehanstalten und Verlage erobert haben? Die Schlussfolgerung liegt nahe, erklärt aber nur einen Teil des Phänomens. Obwohl kaum gelesen, war Antonio Gramsci der wirkungsmächtigste Theoriespender der Siebziger-Jahre-Linken. Die von ihm empfohlene Eroberung der kulturellen Hegemonie hat jedenfalls rundum geklappt: von den Illustrierten bis zur Oper, vom Privatradio bis zu den evangelischen Akademien. Dazu kommen grauhaarige Lichtgestalten aus dem christlich-konservativen Lager, die sich im Wohlwollen des medialen Juste Milieu sonnen möchten und sich mit politisch korrekten Anbiederungen ranschmeißen, wo es nur geht. Der heute vorherrschende Typus ist jedoch viel jünger, viel unpolitischer, viel konformistischer. Die Herrschaften haben nicht nur Parteien, sondern auch weite Kreise der Wirtschaft erobert. Sie sehen aus wie smarte Fondsmanager, und ihre Moral ist stets genauso frisch gebügelt wie ihre weißen Hemden. Ihr höchstes Ziel ist es, die tadellose Gesinnung stets sauber und unbefleckt zu halten.

Dieses unerschütterliche Moral-Outfit ist das eigentliche Kampffeld aller politischen Debatten in Deutschland. Es geht nie wirklich um Fakten, es geht immer um die moralische Deutungshoheit. Und die ist bei Schlüsselthemen wie Gerechtigkeit, Umwelt, Frieden oder Globalisierung fest verankert in einem durch und durch staatsgläubigen und marktfeindlichen Milieu. Die umfassende Eroberung der kulturellen Vorherrschaft war jedoch nur möglich, weil die schwächelnden Liberalen das politische Terrain einst nahezu kampflos aufgaben. Sie haben schon vor Jahrzehnten akzeptiert, dass »Kapitalismus« ein schmutziges Wort sei. Sie haben nie den intellektuellen Kampf um die Köpfe und Herzen der eher »postmateriell« orientierten jungen Menschen aufgenommen. Dabei haben die Anhänger der Freiheit und der offenen Gesellschaft oftmals die besseren, die sozialeren, die ökologischeren Argumente: Umverteilung macht arm. Regulierung schafft Bürokratie. Wettbewerb nützt allen. Freihandel ist sozial. Wer glaubt, sich vor dem Aussprechen solcher Tatsachen entschuldigen zu müssen, hat allerdings schon verloren.

Pubertierende Gesellschaft

Als Jugendliche führten wir eine virtuelle Hitliste der dümmsten Verbotsargumente unserer Eltern. Neben Klassikern wie »das wurde schon immer so gemacht« oder »das gehört sich nicht« bekamen wir häufig einen Spruch zu hören, den wir damals als Tiefpunkt pädagogischer Hilflosigkeit empfanden – und bis heute empfinden. Eine Phrase, mit der unsere Väter und Mütter so gut wie niemals erreichten, was sie wollten. Dieser Satz hieß: »Was sollen nur die Nachbarn denken?«

In den politischen Reaktionen auf die Wahlerfolge der NPD fällt das »Nachbarn-Argument« mit Abstand am häufigsten. Was soll nur das Ausland von uns denken? Touristikagenturen in Mecklenburg-Vorpommern machen sich Sorgen, dass Urlauber wegen des wachsenden Rechtsradikalismus ihrem schönen Land fernbleiben könnten. Schrecklich, diese Glatzen, so prollig und uncool. Peinliche Figuren, die das saubere Image der Ostseestrände beschmutzen. Aber was wäre, wenn NPD-Funktionäre plötzlich als smarte Kerlchen daherkämen oder als sympathische junge Frauen im Outfit von MTV-Moderatorinnen? Wäre ihr Rassismus, ihr Antisemitismus, ihr totalitäres Programm dann weniger schlimm? Die Empörungsreflexe laufen immer wieder nach dem gleichen Schema ab. Das war schon so, als kurz nach der Wiedervereinigung Asylbewerberheime brannten.

Zu Beginn der Debatte um den Bundesmarineeinsatz vor der libanesischen Küste wurde hauptsächlich darüber geredet und geschrieben, welcher Eindruck entstehen könnte, wenn unsere Soldaten im Nahen Osten dieses tun oder jenes unterlassen. Was sollen nur die Nachbarn denken?

Dieser andauernde Imagediskurs hat etwas Pubertäres. Er erinnert an Jugendliche, die von morgens bis abends in den Spiegel schauen und sich den Kopf darüber zerbrechen, wie sie bei den anderen ankommen. 14-jährige Mädchen, die tagträumen, sie würden in einem Film mitspielen, und sich deshalb völlig verkrampft benehmen.

Um der Inhaltsleere eines Argumentes auf die Spur zu kommen, hilft es oftmals, dieses umzudrehen. Ist die gegenteilige Behauptung völlig sinnlos, dann ist meist auch an dem Argument nicht allzu viel dran. Was wäre also, wenn es Dänen, Franzosen, Polen und andere Nachbarvölker ganz prima fänden, dass Neonazis in deutschen Landtagen sitzen? Sollten wir uns dann über den Erfolg der NPD freuen? Gut oder schlecht, richtig oder falsch – das sind keine Fragen, die man der Anstandstante im Nachbarhaus überlassen sollte. Man muss sich schon die Mühe machen, selbst zu entscheiden.

Der ängstliche Opportunismus, der dem Image-Argument anhaftet, nützt unterschwellig den Neonazis. Denn er bestätigt ihre Propaganda, dass Deutschland sich viel zu sehr nach dem Ausland richte. Das völkische Klischee vom rückgratlosen Deutschen, der sich ständig bei den Siegermächten anbiedert, gehört zur geistigen Marschverpflegung der NPD. Sie wollen dafür sorgen, dass Deutschland endlich wieder souverän und national agiert – egal was alle anderen dazu sagen.

Demokraten sollte es nicht egal sein, was die anderen sagen. Ein Blick ins Ausland ist hilfreich, um das eigene Tun zu überprüfen und Vergleiche anzustellen. Aber dieser Blick sollte nicht wichtiger werden als die eigene Analyse und die eigenen Grundsätze. Und von denen liest man viel zu wenig, wenn die Neonazis wieder mal Erfolge feiern und alle einen Moment lang erschrecken, um danach zur gewohnten Tagesordnung überzugehen. Demokratie lebt von Überzeugungen und nicht davon, wie attraktiv ihr touristisches Image ist. Es spielt keine Rolle, ob Neonazis der Reisebranche schaden oder nicht. Sie müssen schlicht und einfach bekämpft werden. Wer nur auf seinen Ruf bedacht ist, wird ihn gerade dadurch verlieren.

Danke

Das jüdische Feinkostgeschäft »Katz's Deli« an der Lower East Side in New York ist eine amerikanische Institution. Nach einem Pastrami-Sandwich spielte Meg Ryan dort ihren berühmten Orgasmus in »Harry und Sally«. Berühmt war der Laden aber schon vorher, beispielsweise durch seine Aktion »Send a Salami to your boy in the army«, mit der die Amerikaner ihre Soldaten im Zweiten Weltkrieg unterstützen konnten. Und es gibt sie noch heute, diese Form des Dankeschöns für die Soldaten, die in der Ferne für Amerika ihr Leben riskieren. Die Bürger des Landes mögen noch so heftig über Sinn und Unsinn von Kriegseinsätzen diskutieren – ihre Männer (und inzwischen auch Frauen) in der Armee dürfen sich dessen ungeachtet der Solidarität praktisch aller Bürger sicher sein. Da fällt kein böses Wort. Auf »seine Jungs und Mädels« lässt Amerika nichts kommen. Wer für das Land seinen Kopf hinhält, wird von der Gesellschaft hoch geachtet, ihm wird Dankbarkeit und Respekt gezollt.

Nun sind auch deutsche Soldaten für ihr Land im Einsatz. Sie schieben ihren gefährlichen Dienst in Feldlagern in Afghanistan, im Kosovo oder auf Schiffen vor der libanesischen Küste. Wer schickt ihnen eigentlich eine Salami? Wie dankt Deutschland seinen »Jungs und Mädels«, die da draußen für unser Land, unsere Freiheit und unsere Sicherheit den Kopf hinhalten? Mehr als siebzig Bundeswehrsoldaten sind bis heute bei Auslandseinsätzen ums Leben gekommen. Doch wo bleibt die Empathie der Bürger, die sonst bei jeder Gelegenheit so leicht abrufbar ist? Egal ob Licht aus fürs Klima oder Lichterketten gegen rechts, es mangelt ja keineswegs an Aktionen, mit denen die Deutschen »ein Zeichen setzen«. Wäre es nicht mal an der Zeit, ein Zeichen der Verbundenheit und Wertschätzung für unsere Soldaten und Soldatinnen zu setzen? Wo bleiben unsere Fernsehsender, Boulevardzeitungen, Promis und Großunternehmen, die doch sonst keine Gelegenheit auslassen, sich im Glanze guter Taten zu sonnen? Wo bleibt eine fantasievolle und liebenswerte Bürgeraktion in dieser Sache?

Es ist schon erstaunlich wem hierzulande soziales Prestige zuwächst und wem nicht. Das zeigt auch die Debatte um das Ehrenmal für die gefallenen Soldaten der Bundeswehr, das in Berlin errichtet werden soll. Bislang wird das Schicksal der toten Bundeswehrsoldaten privatisiert und die Trauer der Familie überlassen. Doch die Toten unserer demokratisch legitimierten Armee haben mehr verdient als ein verschämtes Gedenken. Unter den Bundeswehrsoldaten in Afghanistan und anderswo macht längst das Wort von der »gesellschaftlichen Ignoranz« die Runde, die die Deutschen den Auslandseinsätzen ihrer Armee entgegenbringen. Das verhuschte Desinteresse der Nation an ihrem Einsatz ist beschämend. Sie haben viele Leben gerettet, viel Unheil verhindert und segensreiche Aufbauarbeit geleistet. Wir können stolz auf sie sein. Nichts gegen Fußball, aber denken wir auch mal an die etwas wichtigere Nationalmannschaft. Die hat auch ein paar positive Emotionen verdient. Wenn Sie auf einen Bundeswehrsoldaten treffen, dann sagen Sie ihm stellvertretend für seine Kameraden im Ausland doch einfach mal Danke. Das wäre vielleicht ein Anfang.

Kapitel 8

Chemie und Wahnsinn

Gefährliche Brüder

Vor etwas mehr als 100 Jahren erhob sich an einem Atlan-
tikstrand in North Carolina ein skelettartiges Fluggerät mit
knatterndem Motor in die Lüfte. Die Flugzeit betrug zwölf
Sekunden, die Entfernung 36 Meter. Pilot Orville Wright
und Bruder Wilbur gelten seitdem als Väter der modernen
Luftfahrt.

Würden die beiden Brüder heute ihr Experiment wagen
wollen, müssten sie wohl leider am Boden bleiben. Eine Genehmigung für einen Freilandversuch mit einer solchen Ri-
sikotechnologie ist kaum denkbar. Schließlich können
schlimme Folgen für Mensch und Umwelt keineswegs ausgeschlossen werden. Öko- und Friedensaktivisten würden
sich an den bedrohlichen Flugapparat anketten oder zumindest ein Sit-in auf der Startbahn abhalten. Militärische Nutzung möglich! Tausende Tote durch Flugzeugabstürze! Auswirkungen auf das Klima! Verbreitung von Seuchen rund
um den Globus! Bodenversiegelung durch Landebahnen!
Gefährdung seltener Vögel durch Triebwerke!

Anfang des 20. Jahrhunderts ahnten die Menschen hingegen weder die negativen Auswirkungen der Fliegerei noch
ihre positiven. Hätte jemand vorausgesagt, dass dereinst 1,5
Milliarden Menschen pro Jahr mit dem Flugzeug unterwegs
sein würden, wäre er für verrückt erklärt worden. Ferntourismus war damals Science-Fiction.

Die Gebrüder Wright selbst waren durchaus nicht eupho-
risch. Noch zwei Jahre vor seinem ersten Luftsprung mein-

te Wilbur: »In den nächsten 50 Jahren wird kein Mensch fliegen.« Die Geschichte solcher Irrtümer ist lang und voller prominenter Namen. Gottlieb Daimler prognostizierte: »Es werden höchstens 5000 Motorfahrzeuge gebaut werden. Denn es gibt nicht mehr Chauffeure, um sie zu steuern.« IBM-Chef Thomas Watson meinte in den vierziger Jahren: »Es gibt einen weltweiten Bedarf an vielleicht fünf Computern.« Die US-Zeitschrift »Popular Mechanics« klang im Vergleich geradezu optimistisch: »Die Computer der Zukunft werden vielleicht nur noch 1,5 Tonnen wiegen.« »Aber für was ist das gut?«, fragte sich ein hilfloser Ingenieur von IBM angesichts des ersten Mikrochips. Apple-Gründer Steve Jobs erinnert sich an seine Gespräche, in denen es darum ging, Großkonzerne am Personalcomputer zu interessieren: »Also gingen wir zu Atari. Und die sagten: Nein. Dann gingen wir zu Hewlett-Packard, und die sagten: Hey, wir brauchen Sie nicht, Sie haben das College noch nicht abgeschlossen.«

Heute werden Computer benutzt, um in die Zukunft zu schauen. Das Grundproblem aber bleibt das alte. Die technische Kreativität und soziale Dynamik der menschlichen Gesellschaft lässt sich nur schwer voraussehen, daran ändern Großrechner überhaupt nichts. Meist wird die Gegenwart mehr oder weniger linear in die Zukunft hochgerechnet. Genau aus diesem Grund blamierten sich die Wissenschaftler des Club of Rome, als sie in den siebziger Jahren die »Grenzen des Wachstums« berechneten.

Vorsicht also, wenn die Weltbevölkerung in 300 Jahren oder die Entwicklung des Klimas in 600 Jahren hochgerechnet wird. Schon die Frage, wie viele Menschen in 100 Jahren unter welchen Umständen leben werden, enthält eine endlose Zahl von Unbekannten. Die Vorhersage künftiger Technologie ist ja schon schwierig genug, die der sozialen und kulturellen Veränderungen noch viel schwieriger. Und da beide sich gegenseitig beeinflussen und rückkoppeln, wird auch der größte Computer der Welt alsbald Zukunftsmüll ausspucken.

Dazu ein kleines Gedankenexperiment: Wie hätten die Menschen im Jahr 1900 den Zustand der Welt 100 Jahre später prognostiziert? Was hielten etwa die Bewohner von New York für ein nahezu unlösbares Umweltproblem? Antwort: Die immer weiter steigende Menge an Pferdemist in den Straßen (kein Mensch ahnte die Karriere des Autos). Auch andere Grundlagen unseres heutigen Weltbildes waren vollkommen unbekannt. Niemand wusste beispielsweise etwas von der Existenz der Atome. Man kannte auch keine Antibiotika, kein Fernsehen, keine Satelliten, keine Tiefkühlkost und keine Atombombe. Es galt als gegeben, dass andersfarbige oder weibliche Menschen weniger wert sind. Die Abkürzungen UN, UDSSR, IBM, VW, NASA, XXL, LSD, PC oder HTML waren völlig bedeutungslos.

Die Welt hat sich seither heftig verändert, vielfach zum Besseren. Immer mehr Menschen werden täglich satt, erreichen ein hohes Alter und leben in Freiheit. Doch nie war in den westlichen Kulturen die Angst vor dem Neuen größer als heute. Ähnlich wie das Flugzeug würden heutzutage auch Erfindungen wie Elektrizität oder Kunstdünger, Röntgendiagnostik oder Antibabypille entschlossenen Widerstand hervorrufen. Trinken wir deshalb ein Glas auf Wilbur und Orville Wright und darauf, dass sie einfach probiert haben, ob ihr Traum funktionieren könnte. Doch Vorsicht beim Öffnen der Sektflasche: Sie gehen ein Risiko ein!

Es ist ein wohliges Gefühl, im breiten Strom der Konformität zu schwimmen. Die meisten Menschen sind sich gerne einig. Das beginnt in der Schule bei der Auswahl der Jeansmarke und setzt sich fort mit der Auswahl der Meinung zu diesem oder jenem Thema. Ein Zauberwort in gesellschaftlichen Debatten und Auseinandersetzungen ist der »Konsens«, also ein scheinbarer Zustand vollkommener Einigkeit.

Das Herausbilden einer dominierenden Sichtweise zu bestimmten Fragen hat dabei wenig mit Fakten zu tun und viel mit Gruppenpsychologie. Entscheidungen von Gruppen können durchaus von besserer Qualität sein als die von Individuen. Die »Weisheit der vielen« ist dann am größten, wenn Menschen unbeeinflusst voneinander ein Problem lösen sollen, nach dem Prinzip einer geheimen Wahl. Dann – das kann man in Versuchen feststellen – liegt die Mehrheit zumeist richtig.

Ganz anders sieht es aus, wenn die einzelnen Mitglieder von Gruppen coram publicum abgefragt werden. Der erste Befragte hat dabei eine Schlüsselstellung. Ist A oder B richtig? Wählt der erste A und der zweite Befragte weiß die Antwort nicht so recht, wird er höchstwahrscheinlich seinem Vorredner zustimmen (obwohl der vielleicht auch nicht richtig wusste, was Sache ist). Der Dritte an der Reihe weiß möglicherweise, dass B richtig ist, wird aber unsicher, weil bereits zwei seiner Vorredner anderer Meinung waren. Es kann gut sein, dass er deshalb gegen seine ursprüngliche Überzeugung auf A tippt – und so weiter und so fort. Amerikanische Sozialwissenschaftler nennen diesen Effekt eine »informational cascade«. Jede neue Aussage baut auf der vorherigen auf. Wenn nun am Anfang ein Irrtum steht, dann kann sich dieser Irrtum zum ganz großen Konsens verfestigen. Experimente bestätigen diesen Effekt: Treffen mehrere präparierte Mitspieler nacheinander eine absurde Aussage, dann traut sich die Versuchsperson – die von der Verabredung nichts ahnt – in der Regel nicht zu widersprechen und stimmt ebenfalls zu.

Das schöne Märchen vom Kaiser und seinen neuen Kleidern ist durchaus noch aktuell. Und dies nicht nur im Alltagsleben, sondern auch in der Wissenschaft. Davon berichtete in diesen Tagen die »New York Times«. Autor John Tierney zertrümmert dabei genüsslich einen überholten wissenschaftlichen Konsens: den, dass fettige Nahrung ungesund und für die Zunahme von Herzkrankheiten verantwortlich sei. Großangelegte Studien in jüngster Zeit konnten diesen Zusammenhang schlichtweg nicht bestätigen. Herzkrankheiten nehmen wohl eher zu, weil die Menschen älter werden und weil Herzkrankheiten aufgrund der besseren medizinischen Betreuung überhaupt erst diagnostiziert werden.

Anlass genug, sich einmal auf die Suche nach dem Ursprung dieses wissenschaftlichen Konsenses zu begeben. Und siehe da: Es trat eine lupenreine »informational cascade« zutage, an deren Anfang eine Studie stand, in der die Ernährungsgewohnheiten in sechs Ländern analysiert und mit der Rate von Herzerkrankungen verglichen wurden. Ergebnis: Amerikaner essen mehr Fett als die anderen und werden häufiger krank. Insgesamt standen allerdings Daten von 22 Ländern zur Verfügung. Hätte man diese ausgewertet, wäre die schöne Hypothese bereits im Mülleimer gelandet, denn die breitere Analyse zeigt keinen Zusammenhang. Stattdessen baute die Kaskade sich immer weiter auf. Falsche Annahmen wurden auf falsche Annahmen getürmt. Akademische Platzhirsche gründeten ihre Reputation auf die »Fett ist böse«-These. Der Leiter des amerikanischen Gesundheitsdienstes sprang ebenso auf wie die US-Krebsgesellschaft und das US-Agrarministerium. Eine Senatskommission servierte Kritiker mit dem Hinweis ab, dass »92 Prozent der weltweit führenden Mediziner« hinter der »Fett ist böse«-Theorie stünden. So wurde eine falsche Hypothese kaskadenartig zum internationalen wissenschaftlichen Konsens. Etwaige Parallelen zum totalen Konsens in anderen Disziplinen sind rein zufällig und nicht beabsichtigt.

Die im Labor sieht man nicht

Wer macht sich besonders viele Gedanken um die Menschen in den armen Ländern? Den meisten fallen dazu Kirchentage, Band-Aid-Konzerte oder Aidsgalas ein. Vielleicht auch noch Globalisierungsgegner oder Kapitalismuskritiker. Ein junger Mensch, der die Welt verbessern will, lernt: Sein Ziel lässt sich am besten als Popsänger, Ethikbeauftragter oder Polit-Aktivist erreichen. Andere Möglichkeiten kommen in der öffentlichen Wahrnehmung kaum vor, weshalb wir das hier mit einigen Beispielen korrigieren wollen.

Moralischer Mehrwert lässt sich nicht nur auf Bühnen, sondern auch in Labors erzielen. Davon können irische Wissenschaftler berichten, die etwas gegen Durchfallerkrankungen tun wollten, welche zu den häufigsten Todesursachen für Kinder in armen Ländern zählen. Schuld ist verschmutztes Wasser. Jetzt fanden die Forscher eine einfache Methode, das Übel zumindest zu lindern. Eine transparente Plastikflasche wird mit Wasser gefüllt und auf einer schwarzen Metallfolie in die Sonne gelegt. Die starke UV-A-Strahlung des Sonnenlichts zerstört die Zellen der Bakterien und sterilisiert so das Wasser. Erste klinische Studien beweisen, dass damit ernährte Kinder viel seltener erkranken. Die Einsicht ist gewiss nicht neu, aber man muss mal wieder betonen: Technisch-wissenschaftliche Kreativität und Erfindungsgeist retten Leben und verbessern die Welt.

Das konnte auch lernen, wer eine Konferenz über »Microbicides« in Kapstadt verfolgte. Dort trafen sich Wissenschaftler im Kampf gegen Aids. Ihre Hoffnungen ruhen auf Microbioziden, die schon bald auf den Markt kommen könnten. Sie sind in Gels und Cremes enthalten, die Frauen in der Vagina verteilen können und die verhindern, dass sich das HI-Virus an menschliche Zellen bindet. »Inzwischen wird allgemein akzeptiert, dass in Sachen Aidsprävention kein anderes Produkt, das so vielversprechend ist, schneller zur Verfügung stehen wird als ein Mikrobiozid«, sagt die Ghanaerin Kim Dickson von der WHO. Die Zeit drängt, im südlichen Afrika ist mittlerweile jede dritte Frau zwischen 20 und 34 Jahren HIV-positiv.

Wir wollen hier den Einsatz von Prominenten auf Spendengalas und Konzerten gar nicht gering schätzen, doch ein wenig mehr Aufmerksamkeit und öffentliches Lob für die unbekannten Menschenretter in den Labors und Forschungseinrichtungen dürfte es schon sein. Liegt es vielleicht daran, dass man dann das Wort »Pharmaforschung« oder »Chemie« in den Mund nehmen müsste – und obendrein in einem positiven Zusammenhang? Die Vorstellung, wie die Welt verändert und verbessert werden kann, hat bei uns eine merkwürdige Schlagseite bekommen. Moralische Patentrezepte gelten allemal mehr als konkrete Verbesserungen durch Wissenschaft und Technik. Und so werden viele junge Leute, die sich für einen Beruf oder ein Studium entscheiden müssen, gar nicht bemerken, wie viele Herausforderungen in diesem Bereich auf sie warten. Und welche Chancen sie vergeben – auch die, anderen zu helfen.

Die zweitgrößte Hotelstadt Frankreichs nach Paris heißt Lourdes. Viele Millionen Menschen pilgern in der Hoffnung auf Heilung in den Wallfahrtsort am Fuße der Pyrenäen. Die menschliche Psyche ist mächtig. Glauben kann helfen und sogar heilen. Die Kirche hält sich in Sachen Wunder dennoch vornehm zurück und legt großen Wert darauf, medizinische und geistige Aspekte zu trennen.

Das ist klug, denn der Übergang hin zu jenen magischen Heilslehren, die heute so grassieren, ist fließend. Eine Gesellschaft, die sich scharenweise von der Kirche verabschiedet, kehrt ausgerechnet in medizinischen Belangen zum reinen Glauben zurück.

Wunderheiler und Gurus, die sich früher in der Esoterikecke tummelten, geben heute in der Gesundheitsdebatte den Ton an. In der Alltagssprache firmiert offensichtlicher Humbug als »Ganzheitliche Heilkunde« und »Sanfte Medizin«. Bunte Illustrierten und TV-Prediger haben die Deutungshoheit. Therapien, die auf Wissenschaft, Logik und wiederholbaren Versuchen beruhen, werden selbst von ihren Verfechtern inzwischen als »Schulmedizin« etikettiert. Das klingt irgendwie herzlos und ist auch so gemeint. Die ehemalige Alternativszene ist beim Marsch durch die Institutionen ganz oben angekommen.

Der Goldstandard, in dem sich medizinische Therapien beweisen müssen, ist die »randomisierte klinische Studie«. Doch schon 1997 sorgte die Regierung Kohl dafür, dass unser Gesundheitswesen von der international anerkannten Überprüfungsmethode Abschied nahm. Seither mussten die Kassen auch Behandlungen bezahlen, die nur innerhalb der jeweiligen Glaubensrichtung abgesegnet waren. Nach der letzten Sparwelle war damit wieder Schluss. Doch die »sanf-

ten Mediziner« verstehen auch was von knallharter Lobby-
politik, also geht das Ganze immer wieder von vorne los.

Was genau soll da bezahlt werden? Anthroposophische
Medizin geht auf Rudolf Steiner zurück, einen Guru des frühen 20. Jahrhunderts, der überzeugt war, dass die Welt voller Geisterwesen steckt. Von ihm stammt beispielsweise die
Erkenntnis, dass Kühe bessere Milch geben, wenn ihnen
der Mond aufs Hinterteil scheint. Auch seine Heilkunde ba-
siert nicht auf nachvollziehbaren Experimenten, sondern ist
nur innerhalb seiner Glaubenswelt zu erklären. Ähnlich bei
der Homöopathie: Sie stammt von Samuel Hahnemann
(1755-1843) und wurde seither im Kern nicht erneuert. Hahnemann'sche Heilsubstanzen werden mit Wasser verdünnt,
und zwar in solchen Mengen, dass am Ende nicht mal mehr
Moleküle enthalten sind. Angeblich entfaltet sich aber eine
Art Geist des Stoffes.

Die Mehrheit der Deutschen glaubt laut Allensbach an solche Mysterien. Sollen sie. Aber bitte auf eigene Kosten und
auf eigene Gefahr. Denn die »sanfte Medizin« ist durchaus
nicht ungefährlich: Einerseits lassen Menschen mit schweren Krankheiten wertvolle Zeit verstreichen, bevor sie sich
wieder überprüfbaren Therapien zuwenden. Zweitens fehlt
Geld für künstliche Nieren oder teure Krebsmedikamente,
wenn die Kasse glaubensgestützte Beliebigkeit finanziert.
Und drittens: Wenn Homöopathie und Anthroposophie anerkannt werden, drängeln sich morgen Bachblütenanhänger,
Edelsteinheiler, Pendeldiagnostiker und Eigenurin-Gurus
unter das warme Dach der Solidargemeinschaft. So gerät
das eigentliche Wunder, nämlich der Fortschritt der wissenschaftlichen Medizin mehr und mehr in Vergessenheit: Sie
hat maßgeblich dazu beigetragen, dass wir heute doppelt so
lange leben wie vor 200 Jahren.

Broschüren der Polizeigewerkschaften sind normalerweise nicht unsere Standardlektüre. Und doch löste ein solches Papier zum Thema »Gefahr durch Sekten« ein echtes Aha-Erlebnis in uns aus. In einer »Checkliste für Betroffene« werden dreizehn Kriterien aufgelistet. Wenn nur ein Punkt mit »ja« beantwortet werden könne, sei im Umgang mit der betreffenden Organisation »große Vorsicht« angebracht. Hier nur drei Beispiele: 1. »Die Welt treibt auf eine Katastrophe zu, nur die Gruppe weiß, wie man sie noch retten kann.« 2. »Die Gruppe ist die Elite, die übrige Menschheit ist krank und verloren – wenn sie nicht mitmacht oder sich retten lässt.« 3. »Die Gruppe lehnt die etablierte Wissenschaft ab. Die Lehre der Gruppe wird als einzig echte Wissenschaft verstanden.«

Wir sind sehr froh über diese Liste, weil sie uns die Arbeit erleichtert. So wenn über Gentechnik in Lebensmitteln diskutiert wird. Da gibt es beispielsweise eine Gruppe, die heißt Greenpeace und führt einen Kreuzzug gegen das vermeintliche Teufelszeug. Eine reale Bedrohung gibt es nicht: »Alle wissenschaftlichen Studien kommen zu dem Ergebnis: Gentechnische Lebensmittel sind genauso sicher wie konventionelle«, sagt der EU-Verbraucherkommissar, den man gewiss nicht der Leichtfertigkeit bezichtigen kann. Wissenschaftliche Argumente führen aber leider nicht weiter, weil Anhänger von Glaubensgebäuden dagegen immun sind.

Genau wie andere Religionen bringt auch der Ökologismus Esstabus hervor. Mit gentechnischen Methoden erzeugte Lebensmittel gelten als nicht rein, sie sind im übertragenen Sinne nicht »koscher« oder »halal«. Dagegen ist nichts zu sagen. Solche Tabus sind wie gesagt nichts Neues. Hindus lehnen Rindfleisch ab, Juden und Moslems Schweinefleisch. Anhänger dieser Glaubensrichtungen werden allerdings (zumindest hierzulande) nicht auf die Idee kommen, Aldi oder Lidl an den Pranger zu stellen, weil ein Kalbs- oder Schweineschnitzel im Kühlregal liegt.

Der Absolutheitsanspruch des Ökologismus kennt diese Toleranz nicht. Im Stile eines Großinquisitors veranstaltete Greenpeace eine »Umfrage« unter Lebensmittelkonzernen. Motto: Gehörst du zu uns oder zu den anderen? Wer dabei nicht mitspielt, darf sich über ein wenig Psychoterror nicht wundern. Dem widerspenstigen Metro-Konzern richtete man aus: »Wir fordern von der Geschäftsführung eine öffentliche Klarstellung mit einem klaren Nein zu Genfood.« Als das nicht verfing, marschierten vor der Metro-Zentrale maskierte Aktivisten auf, im Hamburger Hafen wurde nächtens ein Soja-Frachter medienwirksam mit der Aufschrift angestrahlt: »Gen-Soja – Metro macht uns zum Versuchskaninchen«. Entnervt schwor Metro schließlich ab. Alle anderen großen Lebensmittelketten hatten sich schon vorher unterworfen. »Lebensmittelhandel boykottiert Gen-Nahrung«, heißt es nun triumphierend.

Die Angst der Unternehmen vor Dämonisierung und Umsatzeinbrüchen ist verständlich. Aber vielleicht besuchen Aldi, Lidl & Co einmal den Sektenbeauftragen ihres Vertrauens und lassen sich beraten. Kuschen und Anbiedern sind jedenfalls eine fröhliche Einladung zu weiterer moralischer Erpressung. Und es rede bloß keiner der Beteiligten von »Wahlfreiheit des Konsumenten«. Greenpeace geht es ja ganz offensichtlich um das genaue Gegenteil. Der dumme Verbraucher soll auf jeden Fall daran gehindert werden, auch nur in Versuchung zu geraten, ein gentechnisch erzeugtes Produkt im Supermarkt zu entdecken (und möglicherweise für gut zu befinden). Mit der viel beschworenen »Zivilgesellschaft« von »Nichtregierungsorganisationen« hat dies rein gar nichts, mit Erziehungsdiktatur umso mehr zu tun.

Angeblich lehnen 70 Prozent der Deutschen die Gentechnik ab, das ist ihr gutes Recht. Genauso wie es jedermanns Recht ist, Schweinefleisch abzulehnen oder gänzlich zum Vegetarier zu werden. In einer Zivilgesellschaft bleibt dies dem Bürger selbst überlassen. Aber kein fanatisierter Sittenwächter hat das Recht, anderen seinen Willen aufzuzwingen. Große Unternehmen, die sich ja viel auf ihre sogenannte »Corporate Responsibility« einbilden, sollten wissen: Verantwortlich handeln heißt eben auch, sich gegen Demagogen zur Wehr zu setzen, egal woher diese kommen. Es heißt auch öffentliche Panikmache und Hysterie zurückzuweisen, die nicht auf Fakten basieren. Alles andere ist Opportunismus und Feigheit.

Ein Selbstversuch

Kürzlich standen wir auf den Stufen der Münchner Feldherrnhalle und schauten uns eine Kundgebung gegen grüne Gentechnik an. Die Pressefotografen freuten sich über ein aufgeblasenes Tomatenmonster, bayerische Blasmusik spielte auf und die Schauspielerin Barbara Rütting hatte ihren Hund mitgebracht. »Kein Contergan auf unserem Acker!« stand auf einem der Transparente oder »Gentechnik zerstört die Würde der Pflanzen«. Am besten gefiel uns: »Für das Leben – gegen Gene.«

Als unverbesserliche Fortschrittsoptimisten reihten wir uns nicht ein, sondern gingen lieber ins Wirtshaus. Dort reifte eine Idee. Da wir schon öfters für Offenheit gegenüber Gentechnikpflanzen (GM) plädierten, sollten wir solch ein Lebensmittel mal selbst ausprobieren. Was nützt es, Wissenschaftler zu befragen und Labors zu inspizieren? Blanke Theorie, ein eigener Praxistest muss her! Unsere Leser haben ein Recht darauf. Und da wir so gemütlich beim Bier saßen, lag sofort nahe, welches GM-Lebensmittel wir für den Selbstversuch auswählen würden.

Es gibt da eine kleine südschwedische Brauerei. Sie heißt Österlenbryggarna und stellt Schwedens erstes GM-Bier her. Der Brauer, Kenth Persson, hat es nach seinem Vornamen »Kenth« genannt, was man sich zum Glück leichter merken kann als den Namen seiner Brauerei. Es wird aus Wasser, Hopfen, Hefe und Gerste gemacht, enthält aber auch BT-Mais, dem ein Bakterien-Gen eingebaut wurde. Dieses Gen bewirkt, dass sich die Pflanze gegen einen wichtigen Schädling wehren kann. Dass dieses Bier Mais enthält, hat allerdings nichts mit Biotechnologie zu tun, sondern einfach damit, dass es außerhalb Deutschlands durchaus üblich ist, Bier nicht allein aus Gerste oder Weizen zu brauen. Rechtzeitig zum Fasching brachte die Post ein Kistchen »Kenth«. Und weil wir es öde fanden, es im Büro zu kippen, nahmen wir den Stoff auf eine Party mit. Dort entstand das folgende Versuchsprotokoll.

Erste Flasche: Zu allem entschlossen, nehmen wir einen ersten tiefen Schluck. »Kenth« perlt golden ins Glas, schäumt wie ganz normales Bier und schmeckt nordisch herb (so in Richtung Becks). Zischt gut.

Zweite Flasche: Wir beäugen das schwarze Etikett auf grüner Flasche. Darauf rätselhafte geometrische Zeichen (wirkt irgendwie »hightechmäßig«). Wir versuchen, den Text des rückseitigen Aufklebers zu entziffern (»Sveriges första GMO-märkta livsmedel«). Ganz eindeutig ist die Aufschrift rechts unten: »ALK 5,0 VOL %«. Und wie viel Prozent Gene?

Dritte Flasche: Der Schwedentrank ist uns zwar unheimlich, aber wir tun es für künftige Generationen. Wie sagte Maxeiners alter Chemielehrer: »Forschung kostet Opfer!«

Vierte Flasche: Erste Anzeichen krankhafter Euphorie:

Maxeiner erklärt unverhofft, dass er Abba »gar nicht so übel« fände. Miersch singt gleich mit: »Waterloooo…«

Fünfte Flasche: Hellsichtigkeit ergreift uns. Nach kurzer Diskussion wissen wir, wie man die Wirtschaftskrise in Deutschland bewältigt, die politische Krise im Nahen Osten löst und gleichzeitig die kreative Krise der Rockmusik. Wir beschließen, das Konzept morgen aufzuschreiben.

Sechste Flasche: Seltsam, die Frauen um uns werden immer hübscher. Ist die Gentechnik schon viel weiter als wir dachten?

Siebte Flasche: Miersch beschließt, nun doch wieder zu rauchen, wenigstens heute Abend. Gesundheitlich unbedenklich ist dieses Genprodukt jedenfalls nicht.

Achte Flasche: Verdammt, Amnesie! Wir wollen noch mal über den Weltrettungsplan reden, haben ihn aber vergessen.

Neunte Flasche: Maxeiner erblickt neben Miersch einen Miersch-Klon. Ist so etwas ethisch noch vertretbar? Nach Verabreichung eines doppelten Espressos sieht Maxeiner keine Klone mehr.

Zehnte Flasche. Miersch: »Hihi.« Maxeiner: »Sveriges första GMO-märkta livsmedel.« Miersch: »Humba, humba tätärä.« Leider sind die Notizen aus diesem Versuchsstadium nicht mehr zu entziffern.

Nachwirkungen: Tags darauf zeigten beide Versuchspersonen erhöhtes Schlafbedürfnis und leichten Druckschmerz im Schläfenbereich. Allerdings klagte die Vergleichsgruppe über gleiche Symptome, obwohl sie sich streng ans deutsche Reinheitsgebot gehalten hatte. Im Interesse der Verbraucher empfehlen wir daher dringend weitere groß angelegte Versuchsreihen. Freiwillige vor!

Kapitel 9

Himmel und Hölle

Gute Seelen

Welche Vorteile hat Religion für die Gesellschaft und das Individuum, und warum konnte sie sich überhaupt evolutionär durchsetzen? Unsere haarigen Ahnen hätten doch eigentlich mit Sex, Essen oder Faulenzen ausgelastet sein können, aber sie erfanden das Beten.

Seit Jahren ist die Renaissance des Religiösen ein in zahlreichen Varianten aufbereitetes Feuilletonthema, das ebenso wie die »neue Bürgerlichkeit« die Herzen der talkenden Klasse erwärmt. Mit der Realität in Europa hat der gebildete Diskurs nicht allzu viel zu tun. Außer man hält einen leichten Rückgang bei den Kirchenaustritten für eine epochale Trendwende.

Die Botschaft der Zurück-zum-Altar-Pädagogen lautet in Kurzfassung so: Klamauk-TV, englischsprachige Popsongs, Schwulenehe, Hollywood, lasche Erziehung, Fastfood und sexuelle Libertinage schwächen den Gesellschaftskörper und verunsichern den Einzelnen, der verloren wie ein Blatt im Wind durchs Leben trudelt und nirgends mehr einen Sinn erkennt. Gleichzeitig werden wir mit einer fanatisch aufgeladenen Frömmigkeit konfrontiert, die die muslimische Welt erfasst hat und der wir nichts Rechtes entgegenzusetzen haben. Es gibt kaum einen Gemeinplatz, der quer durch alle politischen Lager so viel Zustimmung findet wie die These vom Verfall der Werte (nur Ökopanik und Amerikaverachtung sind ähnlich konsensfähig). Da nicken alle und runzeln besorgt die Stirn: Mein Gott, was soll aus Deutschland werden?

Und weil das alles so schlimm ist, müssen die Leerbereiche in den Köpfen schnellstens mit Sinn gefüllt werden, als da wären Nation und Religion. Bisher war das Projekt nicht sonderlich erfolgreich, aber es kann ja noch werden. Die Gläubigen in unserem Freundeskreis finden es übrigens befremdlich, dass die Werte-Hausierer Religion als Instrument betrachten, mit dem man die Menschen erziehen sollte. Schließlich gibt es nur einen Grund, religiös zu werden: den Glauben an Gott. Das Modell für die instrumentelle Religionspädagogik würde ungefähr so aussehen: Nach einer Talkshow über Werteverfall bleibt der Zuschauer noch etwas sitzen und denkt nach: »Stimmt, Stefan Raab, Fitnessstudio und Mallorca-Urlaub kann doch nicht alles sein. Jetzt glaube ich an Gott.« Klingt nicht sehr wahrscheinlich.

Wenn es aber doch so funktionierte, würde es wenigstens was nützen? Der Autor und Psychologe Rolf Degen sammelte wissenschaftliche Studien über die moralische Standfestigkeit religiöser Menschen. Die Ergebnisse sind niederschmetternd für alle, die per Religion das Gute im Menschen wecken wollen. Forscher haben sich einiges einfallen lassen, um der Sache auf die Spur zu kommen. Unser Lieblingsversuch fand bereits vor mehr als drei Jahrzehnten statt und verlief so: 40 Schüler eines Priesterseminars wurden zu einem Vortragssaal geschickt, wo sie über die Tugend des barmherzigen Samariters sprechen sollten. Auf dem Weg dorthin lag ein Mann, der einen plötzlichen Zusammenbruch täuschend echt simulierte und offensichtlich auf Hilfe angewiesen war. 16 der 40 Teilnehmer boten Unterstützung an. Bei etlichen anderen Versuchen und realen Situationen, die Gläubige und Ungläubige gleichermaßen vor moralische Entscheidungen stellten, schnitten die Frommen nicht besser ab. Fazit: Religiöse Menschen lügen und betrügen nicht seltener als Atheisten und sind auch keineswegs barmherziger und sozialer. Klar bewiesen ist dagegen eine erhöhte Affinität religiöser Menschen zu fanatischer Gewalt.

Wie es aussieht, haben Mitleid, Nächstenliebe, Anstand und Fairness kaum etwas mit dem Glauben an einen Gott zu tun. Das ist eine gute Nachricht: Jeder kann sich entscheiden, gut zu sein, das Fundament dafür steckt in allen. Sogar in Menschen, die Stefan Raab gucken.

Lass uns drüber reden

»Warum ist Israel nur so aggressiv?«, lautet eine beliebte und immer wieder gern gestellte Frage in linksliberalen Kreisen. Eigentlich gibt es dafür eine relativ einfache Erklärung: Wenn man vom Nachbarn mit Raketen beschossen wird, dann macht das eben aggressiv. Wir fragen uns dagegen immer häufiger: »Warum sind die Deutschen so kuchengut?«

In der einstigen Heimat von Stechschritt und Pickelhaube haben sich im vergangenen halben Jahrhundert mentale Tiefenschichten dramatisch verschoben. Die große Mehrheit ähnelt nun den Hippies von einst. Man blickt sanft lächelnd in die bunte Welt und haucht »Love and Peace«. Nur dass die meisten dabei nicht einmal bekifft sind.

Das »lass uns drüber reden«, die Sparversion der Habermas'schen Diskursethik, gilt in allen Lebensbereichen (außer auf der linken Spur der Autobahn). Drangsaliert ein Schüler die anderen, wird unter Lehrern und Eltern einfühlsam beraten, wie dem Störenfried am besten zu helfen sei. Der Schutz der anderen steht nachrangig zur Debatte. Wenn junge Männer ihre Freizeit der Bandenkriminalität widmen, lautet die brennende Frage: Fühlen sie sich diskriminiert? Egal ob Neonazi, Islamist oder Kampfhund: Alle sind therapierbar. Niemand ist wirklich böse. Schuld sind die Erziehung, die Gesellschaft oder – die Kirchentagsvariante – wir alle. Inzwischen glauben das sogar die Täter selbst. Der Frankfurter Kindermörder Gäfgen bedauert sich selbst als Opfer, und Leute, die voll besetzte Busse in die Luft sprengen, nennen sich Märtyrer.

Der Gedanke, dass es untherapierbar Böses gibt, dass Fanatiker auf Vernichtung aus sind und man sie daran hindern muss – diesen unbequemen Gedanken wollen viele nicht mehr an sich heranlassen. Vor einiger Zeit befragte das Mannheimer Zentrum für Umfragen, Methoden und Analysen über 3000 Personen. Man wollte herausfinden, wie das Rechtsbewusstsein der Bevölkerung in Sachen Notwehr zur juristischen Auffassung passt. Es wurden verschiedene Situationen schriftlich geschildert, in denen Menschen sich selbst, andere oder ihr Eigentum mit Gewalt vor Angreifern schützen. Das Fazit der Studie: Im Gegensatz zur Rechtslage halten die meisten Deutschen handfeste Selbstverteidigung für Unrecht, besonders wenn der Angreifer dabei verletzt wird. Sie wollen mein Haus anzünden? Lassen Sie uns drüber reden!

Auf Grundlage dieser nachgiebigen Alltagsmoral interpretieren viele Menschen auch das Weltgeschehen. Sie können nicht nachvollziehen, dass andere ihr Leben oder ihre Freiheit mit Gewalt verteidigen. Und schon gar nicht, dass es Menschen gibt, die anderen Leben und Freiheit rauben wollen – und diesbezüglich einfach nicht mit sich reden lassen. Der amerikanische Kolumnist Dennis Prager brachte es auf den Punkt. »Liebe Deutsche«, schrieb er, »anstatt zu lernen, dass das Böse bekämpft werden muss, habt ihr gelernt, dass Kämpfen böse ist.« Wobei man fairerweise anmerken sollte, das viele nichtdeutsche Europäer ganz ohne Nazis zu der gleichen Überzeugung gelangt sind.

Wenn die israelische Armee mal wieder Hamas- oder Hisbollah-Terroristen ins Visier nimmt, erklären wohlgesonnene Zeitgenossen ihr Verständnis für die Israelis angesichts der leidvollen Geschichte des jüdischen Volkes. Als müsste man erst einen Völkermord überlebt haben, um sich wehren zu dürfen. Israel hätte aber das gleiche Recht, die Dschihadisten zu bekämpfen, wenn seine Bevölkerung mehrheitlich aus Hindus oder Mormonen bestünde.

In gemütlicher Runde nach dem dritten Wein hören wir in letzter Zeit immer häufiger die Frage, warum man dieses lästige kleine Land nicht aufgeben soll. Das würde eine Menge Ärger ersparen und die Ölpreise sinken lassen. Sie wollen mein Haus anzünden? Nehmen Sie die Wohnung im Parterre und lassen Sie mich bitte in Ruhe.

Küsst die Islamisten

Man hat sich daran gewöhnt, dass inmitten einer liberalen Gesellschaft das Mittelalter wiederaufersteht: Ehrenmorde, Zwangsverheiratungen, Freiheitsberaubung bei Frauen und Mädchen, Selbstjustiz aufgrund angeblich erlittener »Schande«. »Wenn meine Schwester Sex vor der Ehe hat, schlitz ich die auf, ganz klar«, sagte ein jugendlicher Moslem unbefangen einer »taz«-Reporterin. Übergriffe auf Passanten, die in den Augen militanter Religionswächter schwul oder jüdisch aussehen, nehmen zu.

Ist es nicht Zeit für eine öffentliche Diskussion darüber? Unsere talklustige Mediengesellschaft streitet übers Kopftuch und blendet das eigentliche Thema aus. Und das nicht nur in Deutschland. Der britische TV-Moderator Robert Kilroy-Silk verlor seinen Job, weil er deutlich aussprach, dass in arabischen Ländern »Selbstmordattentäter, Armabhacker und Frauenunterdrücker« ihr Unwesen treiben. Das Aussprechen solcher hässlichen Tatsachen ist offenbar unerwünscht.

Wenn aggressive Minderheiten Angst verbreiten, ist Demutshaltung ein verständlicher Reflex. Nur nicht provozieren! Doch was gegenüber Schlägertypen in der U-Bahn gilt, sollte nicht unbedingt zur Grundhaltung von Medienmachern und Politikern werden. »Küsst die Faschisten, wo ihr sie trefft«, empfahl Kurt Tucholsky 1931 in einem Gedicht. Er spottete darin über die verbreitete Konfliktscheu und Mutlosigkeit im Umgang mit den SA-Banden. »Ihr müsst sie lieb und nett behandeln, erschreckt sie nicht – sie sind so zart!«

Die Frage, warum ausgerechnet antimoderne islamische Kulturen so viel Unterdrückung und Gewalt hervorbringen, muss erlaubt sein. Doch die Diskussion darüber wird abgewürgt. Unmittelbar nach dem Schock des 11. September 2001 wurden die verbindlichen Deutungsmuster festgelegt: Armut, kulturelle Kränkung durch den Westen und die Sturheit Israels gelten seither als ausgemachte Ursachen des moslemischen Furors. Ende der Diskussion.

Wer die Täter und ihre Motive betrachtet, stößt aber früher oder später auf ganz andere Triebfedern. In ihren Traktaten ist viel von himmlischen Freuden die Rede, die sehr irdisch anmuten. An der verhassten westlichen Kultur empört sie vor allem deren vermeintliche sexuelle Zügellosigkeit. Warum war es Mohammed Atta so furchtbar wichtig, dass nach seinem Tod keine Frau seine Leiche sieht und niemand seine Genitalien berührt? Man muss nicht zum Psychologisieren neigen, um dahinter familiäre und sexuelle Wirkungen zu vermuten. Kein Thema? Sonst herrscht in deutschen Medien nicht so viel Zurückhaltung beim Aufspüren psychologischer Ursachen. Denken wir nur an das beliebte Genre »Bush-Analyse«. Verfolgt er einen unbewussten väterlichen Auftrag? Was kompensiert er mit seiner Religiosität? Welche Rolle spielt seine frühere Suchtproblematik?

Das wenige, was man über Kindheit und Jugend in rückständigen islamischen Kulturen lesen und hören kann, ergibt ein düsteres Bild: Kleine Jungs lernen Schwache zu verachten und Brutalität zu bewundern. Körperliche Züchtigung ist alltäglich. Später dann ist den Jugendlichen Kontakt zu gleichaltrigen Mädchen streng verwehrt. Ihre sexuelle Frustration sucht sich häufig in homosexuellen Notgemeinschaften ein Ventil (begleitet von quälenden Schuldgefühlen). In solchen Notgemeinschaften werden die Jüngeren und Schwächeren von den Stärkeren benutzt. Alles in allem also eine Drangsal aus Verklemmtheit, falscher Scham, Unterdrückung und Gewalt.

Im eigenen Interesse sollten wir herausfinden, wie Männer ticken, die auf solche Weise aufgewachsen sind. Warum sich Männlichkeit für sie nicht in Schaffenskraft und Schöpfergeist ausdrückt, sondern in Waffenkult und Hass. Ihre Wut wird sich nicht mit ein paar verständnisvollen Gesten abkühlen lassen. Wo sind die Wilhelm Reichs, die Mitscherlichs, die Erich Fromms von heute, die sich diese Sozialisation einmal genauer ansehen? Das Thema ist gefährlich. Denn die Frage nach den familiären und sexuellen Normen stellt die islamische Tradition insgesamt infrage. Wir brauchen aber dringend mehr Wissen, um besser zu verstehen, mit wem wir es zu tun haben.

Der Erklärungsbaukasten

Von Anschlag zu Anschlag steigt die Gewöhnung an den Terror. Der Einsturz der Zwillingstürme hallte monatelang nach, die Bomben von Madrid etwas mehr als eine Woche. Die Londoner Attentate und Ihre Folgen waren schon nach zwei Tagen auf den Titelseiten nach unten und in Nachrichtensendungen nach hinten gerutscht.

Unverändert und unerschütterlich bleibt jedoch die vorherrschende Interpretation. Deren Strickmuster hat sich in vier Jahren kaum verändert. Nach einer höflichen Beteuerung des Entsetzens kommt dies: »Man muss dem Terrorismus den Boden entziehen, und der ist die Armut der Menschen in der Dritten Welt.« »Den Teufel in Gestalt des Islam an die Wand zu malen, wäre eine falsche Reaktion.« »Ist es vielleicht so, dass der Westen einem ungeheuren Maß an Selbstüberschätzung zum Opfer gefallen ist?« »Demokratische Politik darf Krieg nicht mit Krieg, sondern muss ihn mit der Suche nach Frieden beantworten.« »Die Fackel, die immer wieder das Feuer des Terrorismus entfacht, liegt zweifelsohne im israelisch-palästinensischen Konflikt.« Mit diesen fünf Satzbausteinen kann jeder Anfänger mühelos eine Talkrunde meistern. Sie stammen übrigens alle aus Kommentaren und Leserbriefen vom September 2001. Ein sechster Baustein wurde seither nachgereicht: Die Terroranschläge seien die Antwort auf das militärische Eingreifen in Afghanistan und Irak.

Der Baukasten blieb unverändert, obwohl heute jeder, der es möchte, sich sehr viel besser über Al Qaida und Co informieren kann als vor dem September 2001. In etlichen Büchern wurden seither – auch auf Deutsch – Geschichte, Weltanschauung und Ziele der islamistischen Bewegung beschrieben und analysiert. Die Texte der Anführer, Prediger und Theoretiker des Terrors sind frei erhältlich. Etwa die Werke des ägyptischen Moslembruders Said Qutb, der als Nestor des heutigen Islamismus gilt. Das Internetportal www.memri.de sorgt dankenswerterweise dafür, dass Artikel, Pamphlete und Predigten aus dem arabisch-islamischen Kulturkreis übersetzt und weltweit zugänglich gemacht werden.

Islamischer Totalitarismus verbirgt sich nicht hinter humanen Idealen und mitfühlender Prosa, die einst für kommunistische Traktate typisch waren. Seine Anhänger reden Klartext wie die Nazis. Es möchten nur viele nicht hinhören. Der Nationalsozialismus machte nie einen Hehl aus seinen unmenschlichen Zielen und brutalen Methoden. Dennoch wurde »Mein Kampf« von vielen damaligen Zeitgenossen eher metaphorisch interpretiert. Sie dachten, dass Hitler und Goebbels sich gern an drastischen Worten berauschen und alles nicht so schlimm kommen werde. Paul Bermann hat in seinem Buch »Terror und Liberalismus« eine luzide Parallele zwischen damals und heute gezogen. Ein Teil der pazifistischen Linken Frankreichs suchte in den dreißiger Jahren unentwegt nach Begründungen, das Verhalten der Nazis verständlich zu machen. Sie endeten als Kollaborateure.

Die Islamisten verachten die Terrorversteher Europas. Mit der Sorry-Gesellschaft können sie schon deshalb nichts anfangen, weil es die Kategorie Pardon in ihrem Weltbild nicht gibt. Sie stehen dazu, dass es gottgefällig ist, Ungläubige zu töten, zu quälen oder zu versklaven. Sie stehen dazu, dass jedes Mittel erlaubt ist, um die Herrschaft des Islam herbeizuführen. Dass ein Teil der ungläubigen Untermenschen Gegengewalt ablehnt und auf ein friedliches Nebeneinander mit ihnen hofft, hat in der Weltanschauung der Islamisten keinerlei Relevanz. In der U-Bahn sind alle gleich.

Die zwei Reiche

Es waren einmal zwei Weltteile. In dem einen herrschten Fanatiker und Despoten. Sie pflegten einen Kult der Gewalt, unterdrückten jeglichen Ungehorsam und hetzten schon Kinder gegen Fremde und vermeintliche Feinde auf. Den anderen Teil der Welt verachteten sie als dekadent, ohne tiefe

Überzeugung und dem Untergang geweiht. Die Machthaber verfügten strikte Bilderverbote. So durfte der bärtige Prophet niemals gezeigt werden, der ihr Reich einst mit Feuer und Schwert gegründet hatte. Nach und nach wurden das Abbilden von immer mehr Menschen und immer mehr Ereignissen zensiert. Auch viele Bücher und Lieder waren verboten. Sogar einzelne unliebsame Wörter gerieten auf den Index der Herrschenden und ihrer eifernden Demagogen. Jeder, der sie in den Mund nahm, begab sich in höchste Gefahr. Das Reich ist untergegangen. Es währte nicht einmal ein Dreivierteljahrhundert.

Spätestens jetzt werden die älteren Leser ahnen, dass dies kein Märchen ist, sondern ein Stück aus einer Wirklichkeit, die gestern noch Gegenwart war. Der Prophet, der nicht abgebildet und dessen Name nicht genannt werden durfte, war der von Stalin verstoßene Leo Trotzki, Organisator und militärischer Führer der Oktoberrevolution. Im Machtbereich des Kommunismus konnten Bilder oder Worte lebensgefährlich sein.

Unsere Geschichte geht weiter: In der Zeit, als das Reich groß und mächtig war, stritt man sich im freien Teil der Welt, wie man mit den Feinden der Freiheit umgehen sollte. Zum Beispiel mit dem Verbot, den verstoßenen Propheten abzubilden. Die einen sagten: Was ist unsere Freiheit wert, wenn wir uns nach den Gepflogenheiten der Unfreien richten? Die anderen sagten: Was geht uns dieser verstoßene Prophet an? Wenn sie beschlossen haben, ihn nicht abzubilden, müssen wir sie doch nicht provozieren, indem wir es demonstrativ tun. Und so versuchten sie, die Herrscher des Ostens nicht unnötig zu reizen. Die aber ließen sich nicht beschwichtigen. Sie interpretierten Rücksicht und Höflichkeit als Zurückweichen vor ihrer Gewalt. Doch am Ende erwies sich ihre Macht als morsch und von Würmern zerfressen. Ende der Geschichte.

Es ist noch nicht allzu lange her, da versuchten die sowjetischen Machthaber ihre Zensur durch Drohungen und Einflussnahme auf den Westen auszudehnen. Nicht ohne Erfolg. Das war nicht nur in der brutalen Frühzeit des Stalinismus so, als kein Staat den Exilanten Trotzki aufnehmen wollte, aus Angst man könnte die Herren im Kreml verärgern. Noch in den achtziger Jahren übte Moskau massiven Druck aus, als in Jugoslawien ein Stalin-kritisches Theaterstück aufgeführt wurde. Die Bilder, die die »Glawlit« (Zentralverwaltung für Literatur und Verlagswesen) manipulierte, fanden Eingang in westliche Geschichtswerke und sogar in Schulbücher – ohne den Hinweis, dass es sich um Fälschungen handelt. Westliche Verlage vermieden in Reiseführern vorsorglich unliebsame Fotos, damit sie den Touristen nicht von der Grenzpolizei abgenommen wurden. Zu Buchmessen im Ostblock nahmen die meisten Verlagshäuser von vornherein keine kritische Literatur mit. Bei Film-Koproduktionen akzeptierten die westlichen Partner die Geschichtsfälschungen der sowjetischen Zensur. Und wenn sich friedliebende Intellektuelle aus Ost und West trafen, vermieden sie unschöne Worte wie »Schauprozess« oder »Schießbefehl«.

Eine Minderheit von Intellektuellen und Journalisten wollte sich nicht an die Regeln der Freiheitsfeinde anpassen. Sie weigerten sich, Diktaturen Demokratie zu nennen, wie es die Herrscher in Moskau und Ostberlin verlangten. Diese Haltung galt vielen als unflexibel, kompromisslos und als Gefahr für den Frieden. Warum waren diese Hitzköpfe nur so stur und verweigerten der fremden Kultur ein bisschen Respekt? Nach dem Zusammenbruch des sowjetischen Reiches wurde ihnen für kurze Zeit applaudiert. Dann vergaß man sie wieder.

»Der Widerstand gegen Hitler wird umso stärker, je länger das Dritte Reich zurückliegt«, lautet eines unserer Lieblingsbonmots von Johannes Gross. Während das geliehene Pathos des antifaschistischen Gedenkens immer mustergültiger dargeboten wird, haben die Freiheitsfeinde von heute ziemlich leichtes Spiel. Denken wir an den »Karikaturenstreit« im Jahr 2006. Die Reaktion Europas auf die Erpressung Dänemarks wegen in einer Zeitung abgebildeter Mohammed-Karikaturen fiel merkwürdig lau aus. Es gab keine breite Solidarisierung von Schriftstellern oder Zeitungsverlegern, die dem Anlass eigentlich angemessen gewesen wäre. Man stelle sich vor, der Papst oder amerikanische Evangelikale hätten Dänemark dermaßen unter Druck gesetzt. Intellektuelle, die sonst gar nicht genug Aufrufe und Appelle unterschreiben können, blieben seltsam still. Die deutsche Meinungselite empörte sich lauter, als kurz zuvor ein britischer Investor eine Berliner Zeitung gekauft hatte. Geht der westliche Selbsthass so weit, dass sich kaum noch einer rührt, wenn Grundrechte bedroht werden?

Es sind nicht nur Neonazis und verirrte Linke, die hämisch zusehen, wenn Moslems die Muskeln spielen lassen. Auch gutbürgerliche Konservative schweigen und finden die Erregung um die religiöse Zensur pubertär. Sie erhalten Rückendeckung von opportunistischen Wirtschaftskreisen, die ansonsten bei jedem zweiten Gesetzentwurf lauthals die Einschränkung ihrer Rechte beklagen.

Diese Willfährigkeit bemäntelt sich gern als Verständnis für religiöse Gefühle. Mitunter ist auch ein Schuss Bewunderung für den muslimischen Furor zu spüren. Für das, was Botho Strauß einst die »Stärke und Überlegenheit« von Völkern nannte, die bereit sind, für ihr »Sittengesetz … Blutopfer zu bringen«. Die edlen Turbanträger, die den Tod nicht scheuen, werden als romantisches Gegenprogramm zum verweichlichten Westler empfunden, dem es an Tradition und Tiefe fehlt, der an nichts mehr glaubt und die Schwulenehe für stinknormal hält. Balsam für vom Weltekel ergriffene Seelen.

Als Antwort auf die Bedrohung empfehlen die Kulturpessimisten die Rückkehr zu den traditionellen Werten, zur patriarchalen Familie, zur christlichen Religion und zur nationalen Beschränktheit. Da offenbart sich eine subtile geistige Verwandtschaft zwischen abendländischer und muslimischer Antimoderne. Ralf Dahrendorf definierte den Islamismus einmal als »wild gewordenen Kulturpessimismus«. Ein erhellender Begriff, der auf gemeinsames Empfinden hinter den unterschiedlichen religiös-kulturellen Verpackungen aufmerksam macht. Man muss nicht nach Mekka beten, um statisch zu denken und die Vergangenheit zu verklären.

Für die Kulturpessimisten im Westen ist die erzwungene Zensur einer Witzzeichnung nicht der Aufregung wert. Das Wesen der Freiheit wohne in höheren Sphären – weit über dem Streit um ein paar mittelmäßige Cartoons. Doch Lachen über die Mächtigen, über Ideologien und auch über Religion ist der Ursprung aller anderen Freiheiten. Die Publikation der dänischen Karikaturen war keine Marginalie, sondern vielleicht der wichtigste Prüfstein für die Glaubwürdigkeit des Westens seit der Fatwa gegen Salman Rushdie. Damals gaben viele zu bedenken, dass Rushdie mit »Satanische Verse« irgendwie übertrieben habe.

Es gibt nur ein Gegenmittel, das auch in der Frühzeit der abendländischen Aufklärung zum Erfolg führte. Die Späße über die »Religion des Friedens« müssen so alltäglich und selbstverständlich werden, dass die Eiferer den Überblick verlieren und mit ihren Fatwas gar nicht mehr nachkommen. Der Islam wird erst zivilisiert sein, wenn es so viele Witze über Mohammed gibt wie über Jesus und Moses. Und wenn ein saudischer Regisseur das Wirken des Propheten im Stil von »Das Leben des Brian« verfilmt.

Tränen für Tyrannen

Nach der Hinrichtung von Saddam Hussein erzählte uns ein Künstler, der an einer großen deutschen Bühne arbeitet, folgendes Erlebnis. Eine bezaubernde brasilianische Tänzerin, die er sehr sympathisch findet, kam am Tag danach zu ihm und sagte: »Hast du die Nachrichten gesehen? Saddam ist tot.« Und dann fügte sie hinzu: »Das hat mich so traurig gemacht. Ich habe fast geweint.« So empfanden offenbar nicht nur zart besaitete Balletteusen, sondern viele andere auch. Wir staunten nicht schlecht, wie Trauer und Betroffenheit aus Bildschirmen und Zeitungsspalten trieften. Ein Kommentator der »Frankfurter Rundschau« schrieb von »nahezu einhelliger Empörung« und charakterisierte den Tyrannen als »wehrloses Opfer« seiner Henker. Selbst der Pressesprecher des Vatikans sprach von einer »tragischen Nachricht«.

Nun, wir wollen es positiv sehen. Ist es nicht ein zivilisatorischer Fortschritt, dass die Menschen nun sogar für Tyrannen ein Tränchen abdrücken? Womöglich eine zwangsläufige Folge des sich im 20. Jahrhundert rasant erweiternden Mitgefühls. Früher waren Menschen anderer Hautfarbe oder Religion, Verbrecher und Geisteskranke davon ausgeschlossen. Heute erwecken auch Kröten und Krokodile Mitleid und edle Gefühle. Warum nicht auch Saddam Hussein?

2006 erschien uns eigentlich als ein gutes Jahr, weil neben dem irakischen Ex-Despoten auch Slobodan Milosevic, Abu Mussab al Sarkawi und Augusto Pinochet die Welt verließen. Letzterer friedlich und in Freiheit. So ganz tief drinnen finden wir es immer ein wenig unbefriedigend, wenn steinalte Massenmörder im Bett dahinscheiden. So betrachtet fanden wir den Tod Mielkes, Maos oder Idi Amins viel trauriger als die Hinrichtung in Bagdad. Aber wahrscheinlich sind das völlig reaktionäre Gefühle, die dringend therapiebedürftig sind.

Der Mensch von heute möchte gern sanfte Medizin, sanften Tourismus und sanfte Gerechtigkeit. Auch gegenüber den Unsanften will er ein guter Mensch bleiben. »Zittert, Tyrannen und ihr Niederträchtigen!« heißt es noch in der Marseillaise, einst ein Hit der Linken. Heute klingt das völlig unsensibel (mal sehen, wann die Franzosen ihre Nationalhymne in »gerechte Sprache« umdichten). Statt »Tyrannen an die Laterne!« hieße der zeitgemäße Slogan »Tyrannen in den humanen Strafvollzug!«

Oder könnte der Grund des Mitfühlens ein anderer sein? Schließlich sind nicht alle Tyrannen gleich. Nehmen wir mal Augusto Pinochet. »Der Gesellschaft ist ihr Recht auf Vergeltung vorenthalten worden«, bedauerte ein Kommentator (der sich später mächtig für Saddam ins Zeug legte) Pinochets natürliche Form des Ablebens. Hätten die Chilenen den General vorher gehenkt, wäre hierzulande wohl kaum die große Betroffenheit ausgebrochen. Warum? An der Zahl der Opfer kann es nicht liegen. Menschenrechtsorganisationen schätzen, dass etwa 5000 Tote auf das Konto des chilenischen Diktators gehen und über 250 000 auf das des irakischen (die Gefallenen des Irak-Iran-Krieges nicht mitgerechnet).

Doch der verkniffene Pinochet mit seinen lächerlichen Operettenuniformen ist mit dem ästhetisch-habituellen Zeitgeschmack völlig inkompatibel – und war außerdem noch ein erklärter Rechter. Saddam dagegen machte schon mal modische Anleihen bei Che Guevara, zeigte sich mit Dreitagebart und Barett in Guerilla-Outfit. Ideologisch chargierte er zwischen Stalin und Hitler, die er beide bewunderte. Er verfolgte zwar Kommunisten, unterstützte aber auch den »heldenhaften palästinensischen Widerstand«. Vor allem war er im Gegensatz zu Pinochet Feind der Amerikaner. Und das scheidet nun mal in den Augen vieler den guten vom schlechten Tyrannen.

Ach ja, das Gespräch unseres Freundes mit der brasilianischen Tänzerin ging noch weiter. »Hast du ihn so gern gehabt?«, fragte er. »Das weiß ich nicht«, meinte sie, »aber ich habe mich nur gefragt, warum er und nicht der andere da ...?« »Welchen anderen meinst du?« »Na, den Bush, natürlich ...«, sagte sie.

Erbsünden

In einem kleinen Essay stellte der Schriftsteller Stephan Wackwitz die Frage: Warum dürfen Männer in den besten Jahren, die mit einer deutlich jüngeren Frau zusammen sind, von ihrer Umgebung gefahrlos als sabbernde Triebtäter diskriminiert werden? Der Autor wuchs uns mit jeder Zeile mehr ans Herz, wiewohl wir den angesprochen Kasus nur theoretisch beurteilen können. Durch die Lektüre sensibilisiert und nachdenklich geworden, kamen wir darauf, dass Wackwitz das Thema eigentlich viel zu eng fasst. Nicht nur der ältere Herr in junger Begleitung ist zum Abschuss freigegeben. Das generelle Täterprofil, dem nonchalant alles Elend der Welt zugeschoben werden darf, lautet: weiß, männlich und heterosexuell. Diese drei Erbsünden sind zwingend für den Bösen im Film, den Unmenschen im schlichten Weltbild und das Scheusal im Diskurs über das Liebesleben. Daneben strahlen all die benachteiligten und somit unberührbaren Minderheiten, die grundsätzlich für nichts zur Verantwortung gezogen werden können. Und natürlich der weibliche Teil der Menschheit, der es irgendwie geschafft hat, als Minderheit zu gelten.

Die Hautfarbe Weiß signalisiert Herrenmenschentum und dumpfe Ignoranz gegenüber fremden Kulturen. Auch schließt sie automatisch die Ausbeutung der Dritten Welt mit ein. Wir sind daher dazu übergegangen, bei der morgendlichen Rasur selbstkritisch in den Spiegel zu blicken und uns erst einmal für die Niederschlagung des Herero-Aufstandes zu entschuldigen. Das Merkmal männlich wirkt weiter strafverschärfend, da ihm aggressives Machogehabe hormonell bedingt innewohnt. Männer anderer Hautfarbe sollen dieses ja durchaus auch an den Tag legen – bei ihnen ist es aber als Teil ihrer kulturellen Identität erwünscht. Warum wurden wir nicht als Rastamänner geboren?

Heterosexualität ist prinzipiell erlaubt, obwohl man mit Schwulen viel besser shoppen gehen kann. Anrüchig wird die heterosexuelle Veranlagung allerdings in Verbindung mit deutlich jüngeren Frauen (siehe oben) oder Angehörigen anderer Kulturkreise (siehe Ausbeutung Dritte Welt). Wer diesem Diktum – wie wir – als berufstätiger, Steuer zahlender, verheirateter Familienvater entgeht, darf gleichwohl nicht auf gehobenes Sozialprestige hoffen. Ganz im Gegenteil: Diese Spezies gilt als debiles Auslaufmodell christlicher Familienpolitik, so verklemmt wie die Heckklappe des familiengerechten Opel Zafira nach einem Auffahrunfall.

Tagsüber bekommt man diesen Typus relativ selten zu Gesicht, weil er arbeiten muss. Die Kinder brauchen dennoch nicht auf ihn zu verzichten, weil er gleichzeitig als Witzfigur durchs Werbefernsehen tölpelt. Belm dort dargebotenen exquisiten Lebensstil muss er leider draußen bleiben, weil er staatlicherseits für die Bereitstellung von Steuern und familienintern von Taschengeld vorgesehen ist. Der weiße, heterosexuelle Familienvater steht im Rufe einer gewissen Gewöhnlichkeit: langweilig, bieder und selbst im Tod kein bisschen Glamour. Oder kann sich irgendjemand Lichterketten für Herzinfarktopfer vorstellen?

Kein Wunder, dass der gemeine Mann und Vater sich rarmacht. Irgendwie hat er keine Lust mehr, den Haudrauf für die distinguierten Milieus zu geben. Wir freuen uns auf den Tag, an dem wir unter Naturschutz gestellt werden und einen vorderen Platz auf der Roten Liste zugewiesen bekommen. Um es mit Häuptling Seattle zu sagen: Erst wenn der Letzte unserer Art die Zeugung von Nachwuchs und die Entrichtung von Abgaben eingestellt hat, werdet ihr begreifen, dass eine Volkswirtschaft nicht allein von Genderbeauftragten leben kann.

Dirk Maxeiner

Hurra, wir retten die Welt!
**Wie Politik und Medien
mit der Klimaforschung umgehen**
230 Seiten. 19,90 Euro

Auch in der Debatte ums Klima gilt: Wie immer, wenn
es um die Rettung der Menschheit geht, wird weder
Verzug noch Widerspruch geduldet. Es gibt Wörter, die
man nicht benutzen, Wahrheiten, die man nicht aussprechen, und Fragen, die man nicht stellen sollte. Die
Debatte hat einen Punkt erreicht, an dem unter Wissenschaftlern und Journalisten eine Schweigespirale
einsetzt. Niemand traut sich mehr zu widersprechen.

Dirk Maxeiner, einer der streitbarsten Geister in der
Umweltdebatte, folgt dagegen dem Grundsatz: Ein
Journalist soll sich mit keiner Sache gemein machen.
Er nimmt die Wissenschaft gegen ihren Missbrauch in
Schutz und beschreibt auffällige Parallelen zu apoka-
lyptischen Erweckungsbewegungen in der Geschichte.
Sein Buch ist eine spannende und unterhaltsame Fall-
studie über ein großes Thema des 21. Jahrhunderts.

»Dirk Maxeiner rechnet souverän und routiniert mit
den Klimahysterikern ab.« *Der Spiegel*

wjs

Reinhard Mohr

Der diskrete Charme der Rebellion
Ein Leben mit den 68ern
240 Seiten. 19,90 Euro

Auch nach vierzig Jahren hat die Revolte gegen die bürgerliche Welt kaum etwas von ihrer Faszination verloren. So oft die »68er« schon bespöttelt und verachtet,
für alles Böse verantwortlich gemacht und in die »ver-
diente« Rente verabschiedet wurden – Totgesagte leben
länger.

Mit Schwung, Ironie und dem Abstand der Jahre
schildert Reinhard Mohr jene Epoche, die noch keine
Angst vor der Klimakatastrophe hatte, sondern vom
Strand unterm Straßenpflaster träumte: Phantasie an
die Macht!

»Man müsste Reinhard Mohr erfinden, wenn es ihn
nicht schon gäbe – als Chronisten einer Zeit, der er
nachtrauert, auch wenn er sie nicht erlebt hat.«
Daniel Cohn-Bendit

wjs